想いすぎずに想われる

2人が「本命」でいつづける愛の育て方

こめだゆき

大和出版

はじめに　自分を大切に扱えば、2人はもっと「本命」になれる

「理想どおりの人なんてどこにもいない」
「『重い』と言われて振られることばかり」
「ケンカもなくずっとうまくいく関係なんてあるわけない」

あなたはこんなふうに、幸せな恋愛なんて自分にはできないと思っていませんか？
あるいは、「いままでもそうだったから、これからもうまくいくわけがない」と決めつけて、自分に対しても、彼に対しても、諦めていませんか？

そんなあなたに伝えたいことがあります。

それは、「恋愛はあなた次第でどうにでも変えられる」ということ。それも、結構簡単に。

そう、いままでうまくいかない恋愛をしてきた人でも、好きな人から愛されつづけ、心から幸せを感じられる恋愛を手に入れることは十分に可能なのです。

私でもできたのだから、これは絶対だと言い切れます。


ここで自己紹介をさせてください。

私は、恋愛カウンセラーのこめだゆきと申します。

いまでは、7年間お付き合いをしてきた大好きな彼と結婚し、一児の母となり、講座を通して、多くの恋や人生に悩む女性たちのサポートをしています。

とはいえ、こんな私も、昔は尽くしてばかりの幸せとは程遠い恋愛を繰り返していました。


当時は、彼からメールの返信が遅いと不安になり、30通メールを送りつけるほどの依存体質。そして、夜中でも彼から呼び出されたら、すぐにメイクをバッチリとして出かけていくほど都合のいい女でした。

一方で、彼のことは大好きなのに、彼を想う自分のことはどんどん嫌いになっていくばかり……。


でも、あるとき、そんな自分を見つめ直し、自分を変えると決意してから、私の恋愛はガラリと変わったのです。

この本では、このような私自身の実体験をベースにした、幸せな恋愛を手に入れる女性になるための方法をお伝えしていきます。

さて、ここでとても大切なことを言っておきたいと思います。

それは、恋愛がうまくいかない人に驚くほど共通しているのは、自己肯定感がとても低いということです。

つまり、「私なんて」と自分で自分のよさを認めていないということなのですね。

だから、すべてを受け入れてくれるであろう彼に、すべてをわかってほしい、愛してほしいと自分の欲求をぶつけてしまうのです。

では、いったいどうすればいいのでしょうか？

それは、「幸せな私」になることです。

ぜひ、自分を自分で育てて、認めてあげましょう。ダメな自分も、ダサい自分も許してあげて、自分の心が満たされる幸せを与えてあげてほしいのです。

自分に温かい愛を持つことができれば、自然と彼からも温かく愛されるようになるから。

実際に、私をはじめ、講座生のみんなが、自分自身の物事の捉え方や言動を変えることで、恋愛を思いっきり楽しめる女性になっています。

ここで、講座生からいただいた、嬉しい報告の一部をご紹介しましょう。

「物事の捉え方を変えて、1人でも楽しむ時間を持つようにしたら、彼ができてからも、依存した付き合いをすることがなくなりました」

「『彼氏ができない』と何年も嘆いてきましたが、10％いいと思うぐらいの人でも、その後自分次第で変えられると知ったことで、出会いはたくさんあると気づけました」

「自分のダメなところを許せるようになると、彼のマイナスに感じていたところさえ愛おしく感じるようになり、結婚はまだ考えられないと言われていた彼から、突然プロポーズされました」

ある講座生の方は、彼からLINEの返信が遅く、既読スルーされることに悩んでいました。

「もう、嫌われたのかな」と思っていたようでしたが、それは自分のことを「いつも振られてしまう女」と低く見積もって、彼を疑うあまりに、彼を縛りつけるようなＬＩＮＥばかり送っていることにあると、講座を通して気づいたといいます。

その後、彼女は自分を愛そうという努力をはじめました。

やがて、彼から普通に連絡が来るようになり、心地いい関係に変わったとのこと。

いまでは「私ってダメなところも多いけど、大切な存在だと思えるんです」と笑顔で語ってくれます。


いかがでしょう。

「幸せな私」になることで、恋愛も毎日も変わっていくのです。

この本を読むことで、あなたも彼女たちにつづいてほしい。

そう心から願っています。


そのうえで本章に進む前に、一つだけ、そもそもの「出会い」について、お伝えしたいことがあります。

私と夫は出会った当初「恋愛対象としてはないな」と思うほど相性0％でした。
彼は私のタイプとはかけ離れていましたし、価値観もまるで違っていたのです。
しかし、いまでは、私が子どものころに思い描いていた「理想の旦那さま像」をはるかに超えるほど、素敵なパートナーとなっています。

はじめから、相性0％だからといってあきらめる必要はありません。
運命の人は探すのではなく、身近にいるその彼を、あなたの手によって育てていくことができるのですから。

もし、いま幸せな恋愛・結婚がどういうものかイメージできなくても大丈夫。
こんな私でも変われたように、あなたも、彼と幸せな関係を築くことができると確信しています。

さあ、あなたも、そのままの自分で無理なく愛される恋愛をはじめてみませんか？

こめだゆき

2人が「本命」でいつづける愛の育て方　目次

I

相性0〜20％　彼との仲が変わりはじめる

「自分をギフト」と認める

II

相性21〜40% 距離が少しずつ近くなる

2人の「ちょうどいい」を見つける

V

相性81〜100%　お互いにとっての本命になる

「本当の自然体」になる

Epilogue

これができれば「最高のパートナー」でいつづけられる

本文デザイン／齋藤知恵子

I

相性0〜20%　彼との仲が変わりはじめる

「自分をギフト」と認める

自分の機嫌は自分でとる

Q ムスッとした態度をとって彼を困らせていない？

パートナーとの関係がうまくいく条件の一つは、女性が2人の関係性の舵を握ることだと思っています。女性側に、どういう2人になっていきたいという明確な理想があるほど、良好な関係は築くことができるのです。

しかし現実は、彼本位の自分になっている女性がとても多いように感じます。彼の意見に左右され、彼によって自分の生き方まで変えてしまう……。

それでは、末長く幸せな関係を手に入れることはできません。

恋愛において女性であるあなた自身が主役であると、まずは自覚しましょう。

そこで重要なのは、彼に自分の機嫌を委ねないということです。

どんなときも、自分の機嫌は自分でとること。彼に自分をご機嫌にしてもらおうと期待しないこと。彼の言動に振り回されて、自分が不機嫌にならない。そして、満たされないときは、どうしたら自分を笑顔にできるのか、どうしたら心地よく過ごせるのか、自分の力で最良の答えを導き出すのです。

私が、いままでの元彼とケンカになった原因は、ほとんどここにありました。

私の機嫌は常に相手ありきだったので、ちょっとでも冷たい態度をとられ、満たされない思いをすると、彼が機嫌を伺ってくれるまでひたすら待っていました。

ただ待つというのは、彼に期待をしている状態なので、思った通りに動いてくれないとイライラして、余計に疲れるものです。

私が急に泣き出したときの彼の困り果てた様子を見るのは、心地いいものではありません。デートではケンカになりたくない、不機嫌な顔ではなく、ご機嫌な笑顔を見せて可愛いって思われたい……。

そこで、あるとき私は決めました。

自分の機嫌は自分でとろう。
自分のことは自分で満たそうと。

具体的に、まず自分の機嫌を常日頃から意識するようにしました。
いまこの瞬間、100％の笑顔ができないとしたら、そのためにできることは何かと考えるのです。

自分がしたくないことをしていないか、人に遠慮や我慢をして自分を抑えていないか、「お腹が空いていない？」「寝不足かな？」というように。つづけることで自分の機嫌をとることが少しずつ得意になっていきます。

すると、彼だけでなく周りの人とも人間関係がうまくいき、何より自分の心がラクで、小さなことにも幸せを感じられるようになります。

もしも、今日は笑顔になれない、彼に会っても嫌な空気になってしまいそうな日は、会わないことを選択してもいいのです。まずは自分を整えることを第一優先にすることが大切です。

自分を第一優先に大切にするスキルがあるかどうかは、恋愛力にも大きな影響を与えます。恋愛がうまくいく人は、いつも自分がご機嫌でいられるようにとわがままに生きている人なのです。

そう、これは2人がうまくいくことを願った愛のあるわがままでもあります。

また、彼の機嫌を伺わないこともいい関係になる秘訣です。

「いま、どう思ったかな」「なんでそんな表情なのかな」なんて考えていても疲れるだけ。

彼の機嫌は彼のものだから、相手が不機嫌であれば少し距離を置くようにするなど、1人の時間を与えてあげましょう。

このとき、間違っても自分のせいと思わないことです。

「私のせいで怒らせちゃったかな」「私といても楽しくないかな」なんて気にしていると心身ともに疲れるし、楽しくなくなります。

八つ当たりされたり、強い言葉をはかれたり、態度が悪くても、それは自分の感情をコントロールできない彼自身の問題だから、堂々としていればいい。

自分に非があれば謝りますが、必要以上に気にせず、きちんと、「そういう態度は悲しい」と気持ちを言葉にして伝えるようにしていきましょう。

自分の機嫌は自分のもの、彼の機嫌は彼のもの。自分で自分をご機嫌にするというスキルを磨くことが、恋愛力の一つなのですよ。

誰かと比べて勝手に落ち込まない

Q あなたが劣等感を持ってしまう人の共通点って何だろう？

女性は他人と自分を比べて、無意識のうちに競い合っていることがよくあります。

その理由は、昔から女性は選ぶよりも選ばれる生き方をしてきたためであり、いかにして優秀な男性に選ばれるかという点で、自分の優位性をアピールしてきたからです。

男性よりも女性の方が形にこだわるのは、他人と比べるときの優位性を明確にしたいからで、「恋人」「婚約」「結婚」など関係性に名称をほしがるのもこのため。

また、記念日を大切にしたり、彼からサプライズやプレゼントをされることによって自分の価値を感じたりするもの。それらを手にしているかどうかで、自分と他人とを比べてしまうのです。

私も、人と比べる生き方をずっとしてきました。

友人と、彼から言われたことやしてもらったこと、自分の持ち物や仕事のスキルを比べて、勝ち負けばかりにこだわっていたように思います。

また、このときに自分が比べてしまう相手は、自分に近い人が多かったように思います。

女性は、自分がほしいものすべてを圧倒的に持っている人がいた場合、そういう人にはザワザワしないものです。北川景子さんと自分を比べて落ち込む人ってなかなかいないですよね。

「自分の持っているものいくつか」＋「自分がほしいものいくつか」を持っている人がいると、比べて勝ち負けを決めようとしているのではないでしょうか。

もし、あなたがこのように人と比べて苦しさを感じているならば、自分の魅力を1

00個紙に書いてみることをおすすめします。

すると、100個中数個は同じものを持っている人がいても、その魅力100個の集合体を持っている人は、この世に誰1人としていないことに気づくはず。

人と比べがちな講座生の方に、これを試していただきましたが、「すごいな」と思う人を見ても、落ち込むことがなくなったといいます。

あなたは、誰とも被らない魅力の集合体であって、それを手放してほしくはないし、「私には私の人生でしか感じられない幸せがたくさんある！」と思えるようになってほしい。

また、比べて苦しいときには「私、負けてるな」と、サクッと負けを認めることもおすすめです。

勝とうと頑張るのではなく、つまらないプライドは捨てて、「自分はまだそうなれていないんだ」といまを直視してみると、ひとまずとってもラクになれます。

そのうえで、その相手の何に羨ましさを感じるのか、それを手に入れるために、いま自分は何をすべきなのかを導き出してください。

幸せになることとは闘争心とは真逆の状態です。
手に入れたい未来があるならば、人の動向を逐一チェックするよりも、自分の現状を直視し、この瞬間にできることをコツコツやっていきましょう。

比べて苦しくなるなら、その人とは距離をとることも一つです。

他人に負けたっていい、自分が最善を尽くすことが正解なのです。

1人を楽しめる人は、恋愛でも幸せになれる人

Q　彼と会っていない時間、どう過ごしている？

1人でいても幸せを感じられない人が、彼氏ができれば幸せになれると思ってしまうのは、他人に依存する考え方です。

1人を楽しめていない人が、「彼さえできれば」「結婚さえすれば」と嘆き、その後、彼ができて末長く幸せな関係を築いたという人を私は見たことがありません。

彼がいない、いまに落胆し、幸せを探し求めているような姿勢では、どんなに素晴らしい男性と付き合っても、彼のダメなところにフォーカスしたり、彼の愛を疑ったり、不幸になる材料を探してしまいます。

たとえ、彼がいなくても「ひとりぼっち」ではなく、「独り占め」だと私は思っています。時間も、楽しみも、おいしいものも、見たかった風景も、日々をすべて自分の感性だけでデザインできるからです。

誰にも邪魔されず、素の自分になって自分の「楽しい」を追求できるのです。自分を「独り占め」できる貴重な期間の中で、自分らしさを極めていくのはとても贅沢なこと。だから、1人を楽しめることイコール、心が豊かだという証拠です。

彼がいないことを嘆き、彼がいる人を羨んでいるか、それとも自分の時間を楽しみ豊かな毎日を過ごしていくか、それによってその後の恋愛も変わってきます。

彼がいる人も同じで、1人の時間に自分とどう向き合うかで、2人でいるときの幸せ度は変わります。

どちらにしても、幸せな恋愛を手に入れるためには、自分を「独り占め」できる時間が重要ということなんです。自分だけの時間で自分について詳しくなりましょう。

1人でも幸せな人は、2人になったときにもっと幸せになれる人です。

自分を〝粗品扱い〟しない

Q　内心、「私なんかでごめん」って思っていない？

ここで、一つ質問があります。
あなたは自分のことが好きですか？

こう言われると、即答できない方もいるかもしれません。また、そんなこと考えたことがないという方もいるでしょう。

私自身、子供の頃からずっと自分のことが大嫌いでした。外見も内面も、何もかもが嫌で仕方ありませんでした。

「なんで、こんな私に生まれてきたんだろう」「つまらない人間だな」

そう思いつづけてきたので、日頃から自分を〝粗品〟として雑に扱っていました。

粗品の自分には、やりたくないことも「仕方ない」と言ってやらせて、やりたいことがあっても「そんなの無理だよ」と言ってやらせない。

それほど気に入っていない洋服でも「安いから」「無難だから」という理由で買い与える。仲間はずれにされたくないから苦手な人との付き合いもつづけさせて、職場の先輩や後輩との人間関係や超過勤務によるストレスで体調を崩しても、仕事に行かせる――。

そうやって長年、自分を粗末に扱ってきた結果、気づいたら自分のことが嫌で仕方ないという状況になっていたのです。

恋愛も一緒です。自分のことを好きでなければ、「私なんかと付き合わせてごめんね」「こんな私のために時間をとってもらって申し訳ない」と、勝手に自分を彼より下に見立てて、上下関係を作り出してしまいます。

それなのに、「大切に扱ってほしい」と強く願っている人が多いように感じます。

あなたも「なんでもっと大切にしてくれないの？」「もっと私を必要としてほしい」と、彼を責め立てたという経験はありませんか？　言葉にしなくても思ったことがあるのではないでしょうか。

私もそうでした。当時、どうして愛されなかったのか、どうしてすべての人間関係がうまくいかなかったのかも、いまではよくわかります。

それはとてもシンプルなことでした。

自分という〝ギフト〟を愛さず、大切に扱っていなかったから。当然、自信がまったくない私を、彼も喜んで受け取りたいとは思えなかったのです。

自分を〝粗品扱い〟していると、それを見た彼も「この子は、雑に扱っていいんだ」と無意識のうちに感じてしまいます。

そこで恋愛において〝自分〟という存在は、彼に対するギフトだと捉えてみてください。

何十年とかけて、家族や周りの人たちからの愛情を受け、自分でも愛情を注ぎ、いまも、よりいい品になるようにと育てていく。

また、さまざまな知識や経験を積むことで、さらに深みのある素敵なギフトとなっていくのです。

自分はギフトでありながら、そのギフトを贈る人でもあります。

彼に対して「この贈り物は最高の品です。私も気に入っていて、丁寧に磨き上げてきました。どうぞこれからも大切に扱ってくださいね」という姿勢でいられたら、彼にとって都合のいい存在になることはありません。

一方で「こんな粗品でよかったら受け取ってもらえますか？　私もイマイチだと思うのですが、とりあえず……」というように、自分を粗品として扱っている人が本命になることはありません。

恋愛がうまくいくかどうかの最大のポイントは、自分を好きになること。自分という存在に価値を感じていること。弱さもコンプレックスも、すべてをひっくるめて「唯一無二の自分」と認めて愛することです。

そして、彼とのお付き合いをスタートさせるときには、**「私はめんどくさいところもあるし、ダメなところもあるし、完璧とは程遠いかもしれない。でも、自分らしさを大切にして生きている女性です。そんな私をどうぞよろしくね」**というような姿勢で、自信を持って彼と向き合いましょう。

恋愛書やネットの情報を読みあされば、このようなことはたくさん書いてあると思います。

ただ、ここを飛ばしては幸せな恋愛を手に入れることはできないから、私からも何度でも伝えつづけたいと思っています。

「心の中の住人」の声に従う

Q 今日のランチは、心から食べたいと思うものを選んだ?

彼のことが信じられない。彼が「好き」と言ってくれても、何度も「本当に?」と確認してしまう。根拠はないのに浮気をしていないかと疑って不安になる……。

こういったご相談をよく受けます。

私もずっとそうだったのですが、そうなるのは、前項でもお話しした通り、自分のことが好きではないからです。

すると、自分を好きという人がいても、「うそでしょ? こんな私のどこがいいの?」「他の人に目移りするはず」と思ってしまうのです。

自分のことが好きではないから、相手の発言も信じられず、嘘のように感じてしまう。

本当はうまくいくことも、あえて複雑にしてしまっているのです。

しかし、大切な人を疑うなんてとても悲しいことですし、それによってうまくいかなくなるのも不本意なことです。

自分を好きになることが、パートナーシップを築くうえでどれだけ重要かおわかりいただけますよね。

いま、あなたが彼から「大切にされていない」「愛されていない」と感じているとしたら、あなたは自分のことをどう捉えて、どう扱っているのでしょうか。彼に自分のことをどんな人間だと伝えていますか？

自分の扱い方は鏡のように他人からの扱われ方に投影します。だからこそ、彼に求める前にまずは自分を振り返ってみましょう。

そうは言っても、長年自分という存在をないがしろにしていると、自分を大切にするとか、好きになるとか、実際どうしたらいいのかわからないものですよね。

そこで、自分を好きになるための方法をご紹介します。これは私の講座でも、必ずはじめにお話しするほど大切な内容です。

まずは、「自分」と思うといままでのクセで雑な扱いになってしまうので、「自分の中に世界一大切な人が住んでいる」という設定を作ります。

そして、いま生きている理由も、これから生きていく理由も全部、最善を尽くして、この人を幸せにしてあげることだと決めましょう。たとえそう思えなかったとしても、決めてしまってください。

その人がやりたいことだけをさせてあげる、やりたくないことはさせない、というようにあらゆる出来事について一つひとつ選択していくのです。どんなに小さなことでも、大きなことでもすべてです。

友達に接するように、その人に問いかけてみてください。

たとえば、これからランチだとして、何が食べたいのか、「心の中の住人」に確認します。

「誘われたから」「安いから」「インスタ映えするから」「とりあえずこれでいいや」ではなく、「何を食べたら満足する？」「満たされる？」「とびっきり笑顔になれる？」という基準で決めるようにします。

もし、あなたが、和食を食べたいと言っているのに、それを無視して「とりあえず洋食を食べなさい」と言ってくる人がいたら、その人のことが嫌になってしまいますよね。

一方で、何が食べたいのかを聞いて、その通りにしてくれたら嬉しいし、その人に好感を抱きます。

自分のことも同じです。

自分の心の声に耳を傾けて、それに従ってあげることで自然と自分のことを好きになっていきます。

一回や二回ではなく、どの選択においてもそうしていくことで、必ず自分を心から好きと思えるようになるのです。これまでに自分の声を無視して、条件によって物事を選択してきた人ほど、自分を好きではないはずです。

友達に対しても、会うたびに相手が愚痴ばっかりで嫌な気分になるけれど、「昔からの友達だから」と我慢して付き合いをつづけていたり、毎日仕事を辞めたいと言っているのに、その職場に身を置きつづけているとしたら、そうしている自分を嫌いになるのも当然のことです。

自分がしたいことをさせてあげる、したくないことはさせない。あれこれ考えずシンプルにやってみることで、心が自由に解放されていきます。

そして、自分軸が確立していきます。自分軸がある人は、何よりも魅力的でオーラがありますよね。逆に、いつも誰かの言動や状況に応じて自分を染め、グラグラしている人は、恋愛の場でも都合よく扱われ本命になりにくいもの。

自分を好きになるところから幸せな恋愛ははじまります。

自分を好きになる方法、大切にする方法を知ることで、自然と彼への愛し方もわかるようになってくるのです。

これからはもう、モテようとしなくていい

Q 無理して「男ウケしそうな女」を演じていない？

「モテたい」

彼がいない女性でそう思っている人は多いのではないでしょうか。ちやほやされたい、いい女と思われたい。

その一心でモテメイクやモテファッションなど、モテるための戦術を勉強し、出会いの場に繰り出していませんか？

過去の私もそうでした。

ただ、そこには違和感しかありませんでした。

本当はナチュラルメイクは好きではないし、男性ウケがいい清楚なOLファッションは苦手。

それに、私は料理を取り分けるなどの気遣いが得意ではないし、おもしろいと思えない話に笑顔で相槌は打てない。

自分を「いい女」に見せようと偽ることで、出会いの可能性は広がるかもしれませんが、出会う男性は自分にとってしっくりくる人ではないはずです。

そんなことをつづけていたら、疲れてしまうだけです。自分を芯のないつまらない人だと思うようになってしまうだけ。

私は、いままでずっと自分のことを、「つまらない人間」だと思って生きてきました。生きている意味がないのではないかと落胆することもたびたび。

特別美人でもないし、特別得意なこともない、こういう素質で生まれたのだから、もう変われない、このまま生きていくしかないのかな、と半分自分をあきらめていました。

ただ、あるとき、気がついたんです。

いままでも万人に愛されようと頑張ってきたから、自分は芯のないつまらない人間になってしまったのだということに……。


誰の人生も、元々はダイヤモンドの原石のような素晴らしい素質があったはず。

もちろん親や環境の影響も大きいものですが、いま自分がつまらない人間なのは、誰でもなく自分の責任です。


不思議なことに、万人ウケを狙うと〝自分〟には嫌われていき、本当に大切な1人の男性にも愛されにくくなります。

そのことに気づいた私は、みんなに好かれようとすることをやめて、自分に好かれることだけを考えようと決めました。

モテなくてもいいから、私らしさを愛してくれるたった1人の人に出会えればいい、と思ったのです。


すべての選択を、他人にどう思われるかではなく、自分がどうしたいかで決めていく。無条件で心は何を求めているのか、何にときめき、ワクワクするのか。

きちんと自分の「心の住人」に問いかけて、丁寧に選んでいく。


「みんなに好かれる」を基準に生きてきた人は、「他人目線」で選んできた多くのものに囲まれて生活していることでしょう。


まずは、自分をつまらなくしていたもの一つひとつを手放す作業が必要です。

人は、たとえいい方向であっても変わることを恐れる生き物なので、自分らしくないものでも、自分の価値を下げるものでも、ぎゅっと握りしめて離せなくなっているということがあります。

私もたくさんありましたが、そういうものほど、思い切って手の平にそっとのせるだけにしてみると、力が抜け心がラクになっていくのです。


そして、スペースができたら自分の「心の住人」が求めるものを選んでいく。

選ぶことについては何度かお話ししてきましたが、もう少し詳しくお話ししますね。

たとえば、「無条件に好きなものを自由に選んでください」と言われたとき。

そういった場合は、まず、「AとBだったらどっちにする？」と自分に問いかけてみるのです。洋服だったら、「スカートかパンツのどっちがいい？」というように。

そして、3つ、5つと選択肢を増やして、その中から選ぶ力を磨いていけばいいだけ。スカートだったらロング丈なのか、ミモレ丈なのか、ミニ丈がいいのか。

その中でも「柄や素材はどれがいい？」というように10、20と少しずつ選択肢を増やしていくうちに、次第に自分の〝これ〟というものが明確になっていきます。

そのうちに、「私が追い求めてたのはこれだ！」とわかる日がくるのです。

そして、その選択の積み重ねが〝自分らしさ〟になっていきます。

それを優先して、自分らしさを発掘していくと、自分のことをつまらないなんて思うことがなくなります。

私の場合、モテファッションばかりを意識していたときは、時間をかけて選んだ服も、家に帰って改めて見てみると「なんか違う」と後悔ばかりしていました。

どうして、自分が選ぶものはどれもワクワクしないのだろう、せっかく買ってもタンスの肥やしになるばかり……と、どんどん自分の選択を信じられなくなりました。

ただ、「心の住人」に聞いてみると、心が弾むのは黒じゃなくて赤やピンク、シンプルよりもちょっと華やか、ミニスカートではなくミモレ丈が好きなど、自分の本当に求めているものがわかってきました。

これはファッションに限らず、部屋のインテリアや、コンビニでなんとなく買っている飲み物でさえも、すべてにおいて言えることです。

自分が本当に求めるものを遠慮なく選ぶことで、自分を幸せにできると気づいたら、自然と自信を得られるようになっていきます。

そうすると、選ぶことが楽しくなり、自分のことが好きになって、胸を張って堂々としていられるようになるのです。

そして、いつもの日常が輝き出すはずです。

はじめから自分らしさを出していけば、いつか必ず、そのあなたらしさを「素敵だね」と言ってくれる男性が現れます。
偽らなくても、ラクに愛されるようになっていくのです。

モテなくてもいい、万人に愛されなくてもいい。あなたがあなたらしく心地よく生きるのが先です。頑張らず、ラクに愛されましょう。

何もなくたって、幸せだったらなんでもいい

Q「しなきゃいけない」をやめてみない？

恋愛に悩む人は、「こだわりすぎている」という共通点があります。

悪く言えば執着心が強く、真面目で、プライドが高いということです。


「女はこうあるべき」

「男性はこういう人じゃないとだめ」

「何歳までに結婚したい」

など自分の中にいろんな定義を作り上げて、この考えに固執しているのです。


私もずっとそうでした。

「いま付き合っている人じゃないとだめ」「せっかく国家資格をとったのだから、この仕事じゃなきゃだめ」「昔から仲良くしているから、これからも友達じゃないとだめ」「何があるかわからないから、お金は貯めなければだめ」。

気がつくと、それらをぎゅっと握りしめ、壊さないようにと必死になり、〝自分〟が幸せかどうかは置き去りに……。

しかし、ある日、彼も仕事も、住む場所も、親友も、お金もすべてを失いました。

安定するからと選んだ転職先は、精神的に病んで辞めることになり、それによって、借りていた寮は、出ざるを得なくなりました。

また、彼との別れを決断した時期だったので、親友への依存心が強くなり、気づいたら親友からは距離を置かれてしまいました。

さらには、物を買うことで心を満たそうとしたり、勉強会やセミナーに莫大なお金を使っていたので、貯金もなくなりました。

これらの時期がすべて重なり、人生どん底の状態になったのです。

それもこれも、私のいままでの選択が、世間的な常識にしばられて自分の気持ちを無視してきたから、自然と幸せになれない方を選んでしまっていたのでしょう。

すべてが私から離れていきました。

当時、そんな自分がうんざりするほど嫌で仕方がなくて、どうしても変わりたい、幸せになりたいと強く思いました。

具体的にどうしたらいいのかなんて到底わからなかったけど、まずはつまらないプライドや執着をやめて、幸せになることだけにこだわっていこうと決めたのです。


「**幸せだったらなんだっていい**」


これはそのときからの口癖です。

「結婚できなくても、彼と復縁できなくても、この仕事じゃなくても、友達がいなくても、幸せだったらそれでいいじゃん！」

そう思えてから、力んでいた心がスッと楽になれました。

さらに視野がグンと広がり、世界がとても広く感じられるようになりました。

いま、「自分は幸せではない」と思っている方にぜひお伝えしたいことがあります。

ただひたすら幸せだけを追い求め、「どんな生活をしたいのか」「どんな仕事をしたいのか」「彼とどんな関係を築きたいのか」、いままでとはまったく違う選択をしてみてください。

そうすることで、まるで自分が自分じゃないように、日々新しい自分と出会えるようになっていくのです。

私自身、そのように生きはじめてから、まず身体面での変化があらわれ、肩こりや過食がなくなりました。

自分をよく見せるためにと、見栄を張った買い物もすることがなくなり、心地いい自分のあり方がわかってきたのです。

そして、彼と復縁することができ、私が尽くさなくても、無理に繕わなくても、「弱さやダサさも含んだそのままの私」がいいと言ってくれる彼と、心から思い合える関係になれたのです。

II

相性21~40% 距離が少しずつ近くなる

2人の「ちょうどいい」を見つける

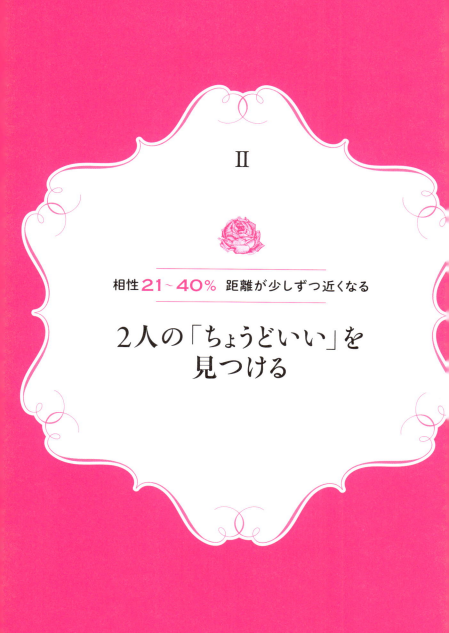

2人の心地いい連絡頻度を知る

Q 彼から既読スルーされると、どんな気持ちになる？

大好きな彼との連絡のやりとりは、会えなくても同じ時間を共有しているような感覚になりますよね。

心が繋がっていることが嬉しくて、それだけで幸せな気持ちになれます。

だけど、彼から連絡が来なくなると、嫌われてしまったんじゃないかと不安でいっぱいになり、振り回されてしまうという経験も、一度はしたことがあるのではないでしょうか？

講座生の方たちもよく悩んでいます。

返信が来ないと「私、なんか変なこと言っちゃったかな」「さっきの内容で怒らせてしまったのかな」と自分が送ったＬＩＮＥを何度も見返したり、「私のこと、そんなに好きじゃないのかな」「もう気持ちが冷めてしまったのかも」と彼の気持ちを疑ってしまったり……。「もしかして他に好きな人できたのかな？」と、それまでのやりとりを何度も読み返しては、1人でネガティブな方向へと妄想を膨らませてしまったりするのですよね。

しまいには、「なんで連絡を返してくれないの？」「私のこと嫌いになっちゃったの？」などと、再三ＬＩＮＥを送ってしまったり……。

私も同じように、ずっとＴｈｅメンヘラ女子でした（笑）。

そもそも、連絡頻度や電話・ＬＩＮＥに対する考え方は十人十色です。

同じ女性であっても、付き合っているなら、毎日必ず連絡を取り合いたいと思う人もいるし、休みの日に余裕があるときだけ連絡をしたい人、必要なことだけ確認できればいいという人もいる。それぞれ自分の心地よく感じる連絡頻度があるはず。

ましてや、男性となると、マメでない人が多く、ＬＩＮＥ＝連絡手段だと思っている人が多いもの。

どんなに暇があってもLINE自体を開かない人、メッセージが届いていても見ない人もいるのです。

それは、あなたの連絡だから返さないということではなくて、そもそも連絡に対する捉え方が違うということを知っておいてくださいね。


また、相手が仕事や趣味で忙しいとしたら、事前に忙しい時期を聞いておくなど、きちんと状況を知ろうとする姿勢も大切。

相手の都合を無視するような人は信頼を失いますし、末長く付き合っていきたいとは思われません。


そして、捉え方が違うと理解したら、次は自分と彼の心地いい連絡の取り方について、2人で話せばいいのです。

どんなに彼があなたのことを好きだとしても、毎日あなたが自分からの連絡を待っているなんて知らないかもしれない。

一日一通LINEが来るだけで、あなたが安心するということも、彼は知らないかもしれない。

「○○くんからの連絡はすごく幸せな気持ちになるから、一日一回はお互い連絡できたら嬉しいな」と一言伝えるだけでも、彼のあなたとの連絡スタイルは変わるかもしれませんね。

彼の本音を聞きながら、そうやってお互いにどうしていきたいのかを伝え合うのです。

伝えるときは「なんで連絡してくれないの？」と責めたり、望むようにしてくれないなんて「愛がない」とか「別れる」と脅さないこと。

連絡を取り合うことを愛情表現としていない男性は多いのだから……。

要望を伝えても変わらないとしたら、メールの内容が、返しにくい、あるいはつまらない文章になっていないかを見直したり、彼の愛を連絡頻度で判断するのではなく、会ったときの一言ひと言に愛を感じ、あなたもきちんと想いを言葉にして伝えるようにできるといいですね。

本来は、恋愛において駆け引きなんてしなくても、好きだったらその気持ちをストレートに伝えればいいし、彼の声が聞きたくなれば電話すればいいし、「彼の返信がこれくらい遅いから、私もこれくらい空けて送ろう」なども考えなくていいのです。

お互いの状況を理解しつつ、想いが溢れた側が先に送る。できるときにできるだけ伝える。そのスタンスでいれば、２人の心地いい連絡頻度は自然と確立していくものですよ。

話すとき、タイトルをざっくり決める

Q　彼との会話がかみ合わないとモヤモヤしていない？

「つまり、何が言いたいの？」

これは以前まで、夫に話をすると必ず言われていた言葉です。

彼には、私の話にはオチがない、要点がまとまっていないとよく飽きれられていました。

また、私の求めていた反応と彼の実際の反応が大きく異なり、ケンカになることも少なくありませんでした。

たとえば、仕事での出来事を彼に話すとき――。

「今日職場で、先輩に注意をされてへこんでいるの。私が悪いんだけどね。ねえ、○○くんはこのことについてどう思う？」と私が聞くと、彼はすぐさま「終わったことはどうしようもないし、改善策を立てて、これからできることをしていけばいいんじゃない？」とサクッとアドバイスを返してくれるのです。

私からすると「そうじゃない、ただ私の感情に寄り添って、共感してほしいだけなのに……」といつもモヤモヤしていました。

彼は私が困っているから「何かアドバイスをしてあげなければ」と思ってくれていただけなのですが、快くアドバイスを受け取らない私に対して「自分の意見を尊重してくれない」と、彼は彼で私に不満に感じていたようです。

このように女性の話す内容には、ほとんどと言っていいほどオチがありません。伝えたいことが明確ではなく、自分でも何を伝えたいのかが定まっていないこともあります。

これは、女性の会話に対する目的が、「共感を求めるコミュニケーションをとるため」

なので、会話を「生産的な結論を導くため」のものだと捉えている男性からしたら、女性の話は聞いていて反応に困ったり、退屈に感じたりすることが多いのです。

ただ、何度かそういった場面を繰り返す中で、彼が私の話をしっかりと聞いてくれるようになるコツを見つけました。

それは、話す内容にタイトルをつけてから話し出すということ。また、話す内容に対して、彼にどんな前提で聞いてほしいのかも事前に伝えることです。

「今日の職場で悲しい気持ちになったこと、聞いてね。気にしなければすむってわかってるから、アドバイスはいらないんだけど。ただ聞いてほしい」

そうすると、お互いにその話に対する目的が明確になり、「何が言いたいのかわからない」「なんでそんな返しをするのかわからない」と不満を抱くことがなくなります。それどころか、会話することがお互いにとっても楽しいものになり、会話の量も増えてきます。

職場ではよく話す男性が、恋人との会話ではじっと黙ったまま、女性が1人で話しつづけているなんていう状況は、馴染みのある光景ではないでしょうか。

これは職場での会話には目的があり、男女の会話ではそうでない場合が多いからなのです。

男女がお互いに会話を楽しむためには、2人の会話に対する目的を共有することが大切です。

彼の心をかきたてるためにできること

Q　人に言われて、しぶしぶやっていることは何？

小さい頃に言われつづけた、「勉強しなさい」「学校に行きなさい」「残さず全部食べなさい」。

これが私はとても苦痛でした。

やりたくないのにした勉強は全然身にならず、行きたくないのに行く学校は全然楽しくなく、食べたくないのに食べたご飯は全然おいしくありませんでした。

なぜなら、そこに私の意志はなく、「しなきゃいけない」状態だったからです。

人はどんなにやりたいことがあっても、「しなきゃいけない」と思った瞬間に、「やりたい」は、「やりたくないこと」に変わります。

これは、パートナーとの関係も同じです。

「返信してよ」「結婚してよ」「もっと楽しそうにしてよ」「もっと私に関心を持ってよ」「○月○日に同棲決定ね」と義務感のある要求を彼に伝えたところで、彼が内心ではそうしようと思っていたことでも、「しなきゃいけない」と感じた瞬間に、動きたくなくなるものです。

何においても本人の意志が大切で、たとえば勉強にしてもどんなに「勉強しなさいよ」と言われたってしたくないものはしたくない。

ただ、勉強をしたら知識や学びが深まる、目指す学校に行ける、と自分で気づき、目標ができたときにはじめて勉強が楽しくなり、自分からするようになりますよね。

それを恋愛に当てはめると、強要しなければ「NO」が「YES」に変わることがよくあります。

相手の都合を無視した連絡はしないようにする。

電話では不安や愚痴をやめて簡潔に楽しい話をする。

彼といることを思いっきり楽しむ。

彼のしたいことだけをしてもらう。

こんなふうに「彼の心が動く」「彼のしたくなる」をかき立てることで、彼の言動は変わってくるものです。


ですから2人の間でも「義務感」をなくしましょう。


「俺がしたいから」「私がしたいから」。だからする！

それだけになれば2人の関係はとてもラクになり、心地よくつづいていきます。


恋愛はなくても生きていけるものです。

余分なものだからこそ、そこに義務感はゼロがいいし、失うよりも得られるものが多いほうがいいですよね。

あなたの「会いたい」が彼を幸せにする

Q 自分から「好き」と伝えちゃいけないと思っている？

「重い女は嫌われる」

こんなふうに思っている女性がとても多いのですが、「そうではないのにな」と私はいつも思っています。

お互いを知るにつれて、ますます気持ちが大きくなっていくのが恋愛ですから、大好きな彼への気持ちが重いのは自然なことです。

むしろ、好きな気持ちが重くて嬉しくない人なんていません。

ですから、その大好きな気持ちを抑えて、「彼がこれくらいの気持ちだから、私もこれくらいに……」と駆け引きなんてしないでほしいのです。

前項の「したいからする」と同じように、大好きな気持ちは、隠さずきちんと言葉にして彼に伝えましょう。

伝えてもいないのに「距離が縮まらない」「私の気持ちをわかってくれない」「なんで察してくれないの」というのは傲慢です。

言葉で伝えなければ、彼はあなたの気持ちを知ることができないのは当然のことです。

では、なぜ「重い」という理由で振られてしまう女性が多いのでしょうか？

それは、大好きな気持ちが重いのではなくて、彼からもらおうとしているものが重いためです。

大切にしてほしい
女の子扱いしてほしい
ずっとそばにいてほしい

私に存在価値を見出してほしい
常に私のことを考えていてほしい
孤独や寂しさを埋めてほしい
退屈な日々を楽しませてほしい
甘えさせてほしい
経済的に頼りにさせてほしい

自分から彼への愛情以上に、彼からもらおうとしているものが大きいということはありませんか？

私もずっと、重いと言われる恋愛をしてきました。
でも、いままでの中で、夫への想いは一番重いのに、一番愛され、一番長く関係がうまくいっています。

朝起きた瞬間に、「大好きが止まらない」「生まれてきてくれてありがとう」など重い言葉も伝えるし、「愛してる」のＬＩＮＥも一日に何度も送りますが、彼から「もらいたい」とか「してほしい」と思っていることはほとんどなくて、それに対する彼からの返事や返信がなくてもまったく気になりません。

毎日元気でいてくれたらいい。

幸せでいてくれたらいい。

それで十分なのです。

孤独や寂しさは自分で埋めて、自分の価値は自分で見出し、彼がいなくても日々の生活は自分で楽しむ。ほしいものは自分で買って、経済的にも自立する。私が彼に求めるものはほとんどありません。

気持ちは重いけれど、求めるものが重くないから、彼の負担になることもなく、彼も私に「何かしてあげたい」という想いになるのだと思います。

「愛」が返ってくるわがままもある

Q 彼と会う理由が「1人でいたくないから」になっていない？

「重い」ということについて、もう一つお話ししましょう。

私は、わがままには二種類あると思っています。

相手や2人の幸せを願う「愛のあるわがまま」と、自分を満たすための自分本位な「勝手なわがまま」です。

勝手なわがままは、彼を不快な気持ちにさせ、嫌われる原因になります。

たとえば、「退屈だから会いたい」や、自分を律することができず「寂しいから会いたい」など、自分本位のわがままを言う女性が男性は苦手です。

ストレートに気持ちを伝えて、彼から重いと言われてしまう人は、勝手なわがままばかりになっていませんか？

「寂しいから電話して」というのは勝手なわがままで、それに対して「電話は好きじゃない」と返事をするのは彼の勝手です。

勝手なわがままに対して、相手は「勝手」を返してしまいがちで、結果としてぶつかり合いになり、お互いを傷つけてしまうのです。

ただ、愛のあるわがままには、自然と「愛」で返したくなるもの。

「あなたを元気付けたいから電話してもいい？」と言えば、彼はあなたの優しさに感謝し、いますぐ電話をかけてくるかもしれない。

愛のあるわがままには、彼からの愛情が大きくなって返ってくるということです。

それを繰り返せば、あなたに「寂しい」とは言わせないほど、安心感を与えてくれる彼になるかもしれませんね。

勝手なわがままを押し通そうとしている自分に気づいたら、それをいったん愛情にすり替えてみることをおすすめします。

「寂しいから会いたい」「退屈だから会いたい」は、「あなたに癒しを与えたいから会いたい」に。「不安だから好きと気持ちを伝えて」は「言葉で愛し合える2人になって絆を深めたい」に。「両親が会いたいって言っているから会って」は「〇〇くんは大切な人だから、両親に会わせたい」に。「行きたいところがあるから連れてって」は「〇〇くんと一緒にここに行きたい！」というように変換するのです。

彼に愛を伝えたい、彼を癒してあげたい。彼のことをもっと知りたい、私のことをもっと知ってほしい、2人の関係を深めたい、「だから会いたい」。

そんな、2人がより深まるための愛のこもったわがままは、男性もとても愛おしく感じるものですよ。

実は、価値観が違う2人ほどうまくいく

Q「お金の使い方」「趣味」など、彼と合わない部分はある？

生まれ育った環境、知識、経験、性別、年齢、職業……、すべてが違う2人だから、パートナーとは価値観が異なることは当然です。

たとえ、似た者同士であっても、付き合いが長くなるほど、合わないところは出てくるのではないでしょうか。


よく、価値観のずれによって破局や離婚という話を聞きますが、原因は価値観が異なるからではなく、価値観の違いを認め、すり合わせていこうと努力するだけの愛がなかったのでは？　と思ったりします。

むしろ私は、価値観は異なるほど相性がいいとさえ感じています。

私たち夫婦は、周りから「よく出会ったね」と言われるほど、共通するものが何もありません。

仕事のジャンルはまったく異なり、趣味も、食べ物の好みも合いません。家庭環境もまるで違うので、生活習慣や性格は真逆なほど。

当然、ケンカをしようと思えば材料はたくさん出てきます。

仕事の相談をすればスタンスが違い、本音でアドバイスをすれば意見は合いません。彼はお肉が好きで私は嫌い、味噌汁は、彼は白味噌派、私は赤味噌派で好みが違うので、食卓では「なんでお肉が入っていないの?」「なんで赤味噌なの?」というように簡単にケンカができてしまう。

しかし、お互いに分かり合いたいという思いだけは共通していて、違いを認め合いたいという姿勢でいるため、傷つけ合うようなケンカにはなりません。

よく仲がいいほどケンカをすると言いますが、私は仲がいいほどケンカはしなくてもいいと思っています。

なぜなら、相手を想うほど、相手に自分の主張を投げつけるようなケンカはせず、相手の主張を聞き合う、愛情ベースの話し合いをしようとするからです。

愛し合うとは、話し合うことでもあるのですよね。

ここで、私たちが、よくしている習慣があるのでご紹介します。

それは、子どものころの話をするということ。

付き合った当時からずっとつづけていることなのですが、幼少期の嬉しかったこと、悲しかったこと、おバカな失敗談や、家族や友人との出来事まで、あらゆるエピソードとそのとき自分がどう感じたかを、ことあるごとに話すのです。

彼には、人には言いたくなかった過去の話も、家族の話も、包み隠さず話すようにしてきました。

どんな子どもだったのか、何を感じながら成長してきたのか、そしていま、過去の自分をどう捉えているのか、一つひとつのエピソードを深掘りし合いながら話します。

それによって、お互いの価値観ができるまでの背景が浮き彫りになり、「この出来事があったから、そう考えるようになったんだね」というように、興味深く相手に理解を示せるようになるのです。

点と点が線になるように、彼という人間をより深く理解することができます。

相手の価値観を知り、自分の価値観を伝えていき、「こういうときはこうだよね」「そういうときはそうなるよね」と定期的に確認し合うことで、「こんなはずじゃなかった」「なんでそうなるの？」といったことは避けられます。

きっと、いまの彼だけを見ていたら価値観の違いに戸惑い、受け入れることができない部分もあると思いますが、いまの彼ができるまでの過程を知っていると、自分と違った部分も愛おしく感じるのです。

たとえば、彼は食べ物を残すことをとても嫌います。

「お腹がいっぱいなら、無理してまで食べなくてもいいいんじゃない？」と思うこともありますが、彼が幼いときから「食べ物は残してはいけないよ」と教育されてきた経緯を知っているので、余計なことは言わないことにしました。

私も、彼に「お腹いっぱいだから食べて」とお願いすることがないように、注文するときに頼みすぎないように心がけています。

価値観の違いはとがめ合うものではありません。

どちらが正しいのかではなく、お互いの大事にしている価値観を組み合わせて、新たに新しいルールを作っていけばいいのです。

相手を知り、敬い、受け入れて、楽しむ。

それが「愛してる」なのですよね。

ケンカは目を見て、手を繋ぎながら

Q　そもそも、あなたは彼とどうなりたいの？

講座生のみんなから相談を受けていると、どのカップルもケンカのパターンは一緒だと感じます。

ケンカをすると、女性は感情的になり、過去の話を引っ張り出し、彼の非を誇大化して、相手を責めることに必死になってしまう。

それに反して、男性は言いたいことを言わず、めんどくさがって一緒にいても帰ってしまう、電話に出ない、ＬＩＮＥの返信をしない、など無視をしはじめるようです。

そんな状態がつづくと、ケンカは長引き、深刻化します。最悪の場合、音信不通になって自然消滅するということも……。

自分は変わらない前提で、相手に変わることを押し付けていては、いつまでたっても解決することはありません。

仲直りするうえで大切なことは、自分の言いたいことを伝えるよりも相手の話を聞こうとする姿勢です。

人が自分の気持ちを素直に話したくなるときは、自分の話を否定することなく聞いてくれる人を前にしたときではないでしょうか。男性の「めんどくさい」という態度も責めるのではなく、聞こうとするスタンスだったら結構なくなるもの。

お互いが求めていることは、どっちがどれだけ悪いかを導き出すことではないはず。きっと、どちらも「聞いてほしいから」、「愛してほしいから」、「必要とされたいから」。だから、このような態度をとってしまうのですよね。

だったら、その共通の想いを自覚して、素直な気持ち以外は口にしないようにしましょう。

彼を目の前にすると、感情的な言葉が溢れ出して止まらなくなってしまうのであれば、いったん1人になってノートに書き込むのもおすすめです。

「このケンカの先に求めることは何だろう」と自分に聞くように。自分に聞く姿勢が持てたら、相手に対しても同じことができますよ。

また、ケンカをするときには、彼の目を見ることだけはやめないこと。人が人のことを悪く言えるのは、相手と向き合うことから背いているときなので、ケンカは目を合わせて、手を繋いで触れ合うことのできる距離でしましょう。

すると、傷つけ合うケンカから、愛のある話し合いへと発展させることができるはずです。

そして、たとえ彼が悪いとしても、自分が先に謝ることができれば完璧です。

「自分には非がない」「相手に過ちを認めてもらいたい」という思いが譲れないこともあると思いますが、そんな感情的な頑固さを持ったあなたには彼も謝りにくいのです。

彼を素直にさせるために、自分から空気を緩めるように心がけてください。

彼にしてほしいことは、あなたが導くように先にすることで立場的に優位になれるのです。

どっちが悪いかはいったん置いておきましょう。求めていることはどっちが悪いかではなく、どうしたらもっと分かり合えるか、ですからね。

一度や二度でできなくても大丈夫。ケンカのたびに少しずつ2人の幸せを願ったあなたになれるようにしていきましょう。

自分を変えようとする姿勢に、彼はあなたの愛を感じてくれるようになるはずです。

では、次のチェック項目で、ケンカになる原因を考えてみましょう。

［脱〝ケンカばかりの関係〟見極めチェックリスト］

□自分の思い通りにコントロールしようとしていませんか？
□男女の物事の捉え方には大きな違いがあると知っていますか？

□自分の気持ちを偽らず伝えていますが？
□男性と同じ土俵に立とうとしていませんか？
□ケンカの原因は、実は違うところにありませんか？（お腹がすいている、寝不足、ＰＭＳ　ｅｔｃ…）
□言いたいことは、その場でタイムリーに伝えていますか？

チェックが多いのだとしたら、要注意です。

愛し合いつづけるとは、話し合いつづけるということ。私は、「ケンカするほど仲がいい」なんて、話し合いができない人の都合のいい解釈だと思っています。

あなたも、彼と「愛のある話し合い」ができる本物のパートナーになりましょう。

III

相性41~60% 嫉妬や不安に振り回されなくなる

「自分が主役」になる

実は、ドタキャンって絶好のチャンス！

Q 「予定中止=私のこと好きじゃない」と考えていない？

突然ですが、今夜、大好きな彼とデートの約束をしていたとして、直前に彼から「都合が悪くなって行けなくなってしまった」と言われたら、あなたはどんな気持ちになりますか？　そして、どんな行動をとりますか？

「もう！　なんでよ！」と怒って相手を責める？
「仕方ないよね」と物分りのいい彼女を演じながら、内心イライラする？
「ドタキャンされた私なんて価値がない」と自分を卑下する？
それとも、言いたいことは伝えずに、不機嫌になってモンモンと過ごす？

先日、講座生の中で「彼にドタキャンされて、自分は大切にされていないんじゃないかと思う」と悩んでいる方がいました。

「週末、私と出かける約束をしていたのに、急に入った友達との集まりを優先させられた」というのです。

確かに、楽しみにしていた予定が突然中止になることは悲しいことです。

ただ、私はドタキャンは「悪」ではないと思っています。

誰にだって予定外のことは起こり得るし、男性は女性と違って、どんなに好きな彼女がいても、友情を優先するもので、仲間と盛り上がってその場で決まった予定を優先することもある。

そこで、愛情を計るのではなく、男ってそういうものと捉えましょう。

よほどドタキャンしたときの態度が悪かったり、何度もくり返さない限り、ネガティブな感情は抱かなくてもいいのではと思うのです。

とても驚かれるのですが、私はドタキャンされて嫌な気持ちになることがありません。それどころか、自由な時間が急に舞い込んできてラッキーだと思うほど。

決してその予定が嫌だったわけではなく、ずっと前から心待ちにしていて、早起きをして準備まで終わらせていたことでも、「最悪」だとは思わないのです。

なぜなら、自分もそうであるように、誰にだって急な予定変更は有り得るだろうと日頃から予測を立てているから。

また、それによって彼のことが嫌になったり、ネガティブな感情を感じるくらいなら、自分を楽しませたいと思っているからです。

もちろん、「悲しい」とか「残念」といった感情は湧きますが、その感情は相手にタイムリーに伝えたら引きずらないようにしています。

「そうなんだ、残念。じゃあ次のデートは、行きたかった○○に連れていってね♡」という具合にさらっと言って終わらせます。

そうして、「まあいっか。その分、楽しいことをしよう」「この時間は自分時間にしてねという彼からの贈り物ということにしよう」なんて思えたら、彼にも**「お仕事遅くなって辛いのは○○くんだよね。無理しないでね。お疲れさま♡」**と心からの優しい言葉がかけられます。

予定をドタキャンしてあなたに会えず悲しいのは、少なからず彼も同じ。そんな言葉で受け入れてくれるなんて、「これからもっと大切にしたい」と思われることは確実です。

ドタキャンされても自分が被害者だなんて思わないこと。
いつでもどんな状況でも、すぐに自分がご機嫌になる選択肢を持ち合わせること。
あとあと文句を言うくらいであれば我慢せず、ネガティブな感情は包み隠さずタイムリーに伝えてそれ以上は引きずらないこと。

「ドタキャンは2人の関係を試されている」「惚れ直させるチャンス」と捉えてみるのもいいですよ。

元カノは敵ではなかった⁉

Q 元カノのSNSをこっそり調べたことはある？

「元カノの話をされると嫌だ」
「彼から元カノの名残りを感じて辛い」
「できれば連絡もとってほしくない」

普段、講座生と話していると、彼から元カノの話が出てきたり、名残りを感じる瞬間があると、とても苦しくなるという人がたくさんいます。

私も以前までは、できれば元カノについては話題にしないでほしい、どんな人だったか、どんな思い出があるかなんて聞きたくもないと思っていました。

ただ、あるとき、彼がとても楽しそうに、「ここ、前の彼女と来てすごく楽しかったんだよね」と話す姿を見て、「ああ、彼がこんなにも楽しそうな表情で思い出を話せる元カノはきっととても素敵な女性で、彼女がいたから、いまの彼があるんだな」と思えたのです。

いま、こうやって彼が素敵な男性になって出会えたのは、いままでの彼女たちのおかげで、もし恋愛をしたことがない彼だったら、魅力を感じていなかったかもしれないと気づきました。

認めたくなかったけど、いままで彼とお付き合いしてきたすべての女性に感謝の気持ちがこみ上げました。

あなたが大好きな彼の何%かは元カノによってできていて、その経験を経て、彼なりの恋愛観で、いまあなたと恋愛を楽しむことができているのだと思うと、元カノは敵ではないと思えてきませんか？

女性はめんどうな生き物だってことも、記念日を大事にしたいってことも、不安や悩みを抱えやすいことも、話にオチがないってことも、大切にする分だけ幸福感を感じていい女に仕上がっていくことも、全部元カノ達が彼に教えてくれたことなのです。

元カノは敵ではありません。
彼にとって大切な人かもしれませんが、一区切りついたもう終わった人です。
だから、わざわざ気にする必要はありません。

彼が過去の恋愛を話題に出すときは、ネガティブにならず楽しんで聞いてあげられるといいですね。

また、「そんな恋愛をしてきたから、いまのあなたがいるんだね、感謝だね」なんてことが言えたら、彼も喜ぶのではないでしょうか。

間違っても、過去に彼が大切にした女性を否定するようなことはしてはいけません。

もし、彼が元カノとあなたを比べるようなことをしても、それは、元カノが持っていた素敵な要素をあなたにも取り入れてほしいという純粋な思いからかもしれません。

ただ、「**あなたに合わせるばかりのことはしたくない。いまは私と付き合ってるの**

だから私らしさを愛してね。元カノの話は嫌じゃないけど、比べるようなことはやめてほしいな」というように、できることは受け入れて、できないことははっきりお断りする。

また、彼があなたと元カノを同じように捉えているとしたら、「元カノが喜んだことでも、このことは私は嬉しくない。元カノがイマイチの反応だったとしても、このことは私は嬉しい」というように、そもそも私と元カノは別物だということを教えてあげましょう。

彼のテンションが下がっても焦らない

Q 男女の「好き」の大きさは一致しないって知っている？

「付き合った当初は、たくさん好きって言ってくれて、いつも連絡をくれたし、私のために時間を割いてくれていた。だけど最近は、それもなくなり、彼の気持ちが冷めてきているように感じる……」

あなたはいままで、ラブラブｍａｘな状態で付き合ってきたけど、だんだん気持ちが冷めていく彼にモヤモヤしたという経験はありませんか。

最終的に尽くして振られてしまう女性ほど、はじめは彼の方が恋愛のテンションが高いものです。

私の彼も、まさにその通りでした。

以前はいつも私を楽しませようとしてくれていたのに、次第にドライブ中でも楽しい話をしてくれなくなり、デートの計画も私からしないと進まなくなりました。

彼に勇気を出して「付き合ってからの気持ちをグラフにするとどんな感じ？」と聞いたこともあります。

すると、「下がることなく平行だよ」と自慢気に言われたのです。

「えっ、私は上昇しつづけているのになんで？」と聞いても、「男は普通下がっていくのに、平行ってすごいことなんだよ」となだめられてしまいました。

そのときの悲しさと悔しさは、いまでも鮮明に覚えています。その感情をバネに、「いつか逆転させよう」と決めたのです。

そして実際に、またちゃんと彼の気持ちは上がりはじめました。

いままでは聞かないと気持ちを伝えてくれなかったのに、自分から愛の言葉を口にするようになったり、付き合いはじめのころのように一生懸命サプライズを考えてくれるようになったり、明らかな変化でした。

残念なことに、男性と女性が出会ってから〝好きの熱量〟が一致することはありません。恋のはじまりに熱量が高いのも、その熱量が冷めることが早いのも、男性の方です。

生物学的に男性はスキンシップをゴールのように捉えているので、自然なことでもあるのですよね。

一方で、女性は付き合った当初はそれほどではないのに、デートを繰り返し、スキンシップを許すことで、じわじわと気持ちが高まっていきます。

この男女の違いを理解したうえで、あなたが彼とどう関わっていくかで、3か月で終わる関係になるのか、末永くつづく関係になれるのか大きく分かれるのです。

多くの女性は、彼の恋愛テンションが下がってきたことを察すると焦りだして、無意識のうちに尽くしはじめたり、別れをチラつかせて愛情を試したりしてしまいがちです。

しかし、彼が冷めてきているなと感じてから、あなたがとるべき態度は、気負いすることなく、堂々といつも通りの自分で付き合いをつづけることなのです。

あなたが動揺することはありません。やってほしいことは遠慮なく伝えて、寂しい気持ちになったらこれもまた素直に想いを伝えましょう。

そして、男性の恋愛テンションが下がる流れを冷静に見守りましょう。
連絡の頻度が減り、会う日の調整をしてくれなくなっても、その分あなたが頑張ってしまえば、「頑張らなくても彼女がやってくれる」と思い、彼はあぐらをかくようになってしまいます。

付き合いが長くなったら、彼のテンションが下がったというより、平常運転に落ち着いたんだなと捉えられるといいですね。

付き合いはじめの愛情表現が過剰すぎたということもあります。

人はずっとは走りつづけられないものですが、歩きつづけることはできることと同じ。

彼が落ち着くタイミングは、次のステップにいく大切な段階です。

誰もが経験するときめく恋から、本格的に2人が深まっていくスタートの合図なのです。

なぜ、期待して報われなくて疲れるの？

Q「私に飽きた」と思う前に「好き」を伝えている？

「私との時間をもっと楽しんでほしい」

「私とずっと一緒にいたいと思ってほしい」

「記念日のサプライズは絶対に喜んでほしい」


恋愛で厄介なのは、彼をコントロールしようと頑張ることです。

これは自分自身ではそのつもりがなくても、無意識にそうしてしまっているということがよくあります。

大前提で「自分ではない人」をコントロールすることはできないし、自分が望んでいる感情や反応を求めれば求めるほど、彼はあなたのことを重いと感じ、一緒にいて疲れてしまうものです。

私も以前までは、彼をコントロールしようと必死になっていました。

どんなに仕事で疲れていても、自分との時間は全力で楽しんでほしい。
一緒に行く旅行をもっと楽しみにしてほしい。
私となかなか会えないことを、寂しいと思ってほしい。
私が興味あること全部に、いいねって思ってほしい。

そうやって彼に無理を強いても、彼を本当の意味で変えることはできませんでした。

むしろ、私への評価が下がっただけ。彼をコントロールすることにエネルギーを注いでも「疲れるのに報われない」となっていくのは当然のことです。

でも、自分を変えることは簡単です。

相手に自分といる時間を楽しんでほしいなら、まずはあなたが思いっきり楽しむことだし、相手に自分のプレゼントやサプライズを喜んでほしいなら、あなたが準備から楽しむこと。

彼のためにするのではなく、すべての過程を自分が楽しむためにすれば、彼の感情や反応に期待するということがなくなります。

また、あなたが楽しそうにしているのを見れば、彼も自然と笑顔になり、幸せを感じるのです。

講座生の中に、「彼のために」と必死になっている方がいました。

仕事で忙しい彼に「いい彼女」と思ってもらいたくて、彼の迷惑にならないように「会いたい」とは言わず、自分は二の次でいいからとドタキャンされてばかりでも感情を言葉にして伝えることもせず、口癖はいつも「大丈夫」でした。

ただ、そんなことをしていても彼の彼女への愛は増えるはずがなく、自分への評価が上がらないことにモヤモヤしていたのです。

そして、自分の努力が報われないことに次第に虚しさを感じるようになり、彼に会うたびに冷たい態度をとるようになってしまったそうです。

彼からすると勝手に頑張って、勝手に期待して、勝手に落ち込んで、勝手に怒って、「わけがわからない」ですよね。

彼がどう感じているかを不安がるよりも、「自分がどう感じたいのか」を大切にすること。

相手の感情は一旦置いておき、自分の感情を先に感じるようにしましょう。

私たち女性はついつい無意識のうちに相手を変えようとしてしまいがちですが、彼をコントロールしようと頑張るのではなく、まず先に自分の大切な感情に目を向ける。

エネルギーを注ぐ方向を間違えてしまわないように気をつけたいですね。

「どうだっていい」と思える女が愛される

Q 「私ばっかり、こんなにしている」を押し付けていない？

「夫が家事や育児をしてくれないことに不満ばかりが募って、『なんで私ばかりが苦しい思いをしないといけないの⁉』って、ついにいままでの怒りを夫にぶつけてしまったんです」

これは、以前セミナーにお越しくださった既婚者の方のお話しです。

一緒にいる年月が長くなるほど、「してもらう」「してあげる」をたくさん繰り返すようになり、いつしかどっちがどれだけしたか、してもらったかということに敏感になっている人が多いように感じます。

「私ばっかり連絡して」「私ばっかりデートの計画をして」「私ばっかり好きで」「私ばっかり家事をして」「私ばっかりこんなにもやっている……」

損をしないように必死になって、自分がやったことを主張し、相手を責めてしまうなんて、とても悲しいことですよね。

いつまでもうまくいく恋愛の秘訣は、どっちがどれだけやっているとか、どれだけ想っているとか、そういうのはどうだっていいというスタンスでいること。

前にもお話ししましたが、「自分がしたいからしているだけ」という状態になれば、見返りを求めて相手をとがめることがなく、お互いがとてもラクな状態でいられるのです。

自分が愛したいから愛しているわけで、自分に余裕があるときに全力で愛を与える。自分が何かに集中していて余裕がないときは、相手に与えてもらえばいい。家事だって、やりたい人がやれるときにやればいい。やってくれたらきちんと「ありがとう」を伝え、また自分ができるときに返そうと決めます。

彼が何もしてくれないと感じてもそこで愛を測ることはせず、「いまはそれどころじゃないかな、だったら自分がやろうかな」そんなスタンスでいられるといいですね。

「愛してる」の言葉も、最近少ないなと感じれば、自分からたくさん伝えればいい。たとえ彼のリアクションが薄くても、その温度差さえ愛おしく感じるものです（笑）。

それから、大前提として男性とは同じ土俵に立たないことも大切です。

彼とうまくいっていない女性を見ると、彼よりも効率よく家事をこなせるとか、彼よりもお金のやりくりが上手とか、彼よりも稼いでいるとか、そうやって彼に勝とうと必死になっている人が多いように感じます。

彼に頼りになる男になってほしいと願うのであれば、比べることは何の利点もありません。

男性はプライドの生き物だというのに、同じ土俵に立って勝とうとすれば、彼は自信をなくし、愛をも失ってしまいかねません。

自分を認めてもらいたい気持ちや褒めてもらいたい気持ち、または、「私ってこんなにもすごいんだよ」という欲求を押し出さないように気をつけたいものです。

そして、ときには彼に負けてあげられる女性でいましょう。

パートナーであれば、あなたがすごい女性であることはちゃんとわかっているはずです。

IV

相性61～80%　理想の関係になる

「自分の本音」を伝える

「普通の彼」を「理想の彼」にする方法

Q 「彼はサプライズできないタイプ」って諦めている?

付き合ってはじめての記念日に、彼が用意してくれたプレゼントにがっかりした記憶があります。

当時の私は、白を基調としたアンティークなインテリアで部屋を統一していたのですが、彼がくれたものは真っ黒のデジタル時計でした。

しかも、電源を入れると青色のネオンが激しく点滅して光り、どう考えてみても私の部屋にはミスマッチ……。

一瞬ギャグかと思いましたが(笑)、彼は真剣だったので、どうしてこんなものをプレゼントしようと思ったのか、何でこんなにもセンスがないのかと、しばらく彼に対してモヤモヤが止まりませんでした。

彼としては「自分だったら嬉しい」を基準にして、私も喜んでくれるだろうと選んだので、逆に私の微妙な反応を見て不思議そうにしていました。

きっと多くの女性は、彼から自分がほしかったプレゼントを贈られ、サプライズをされることが喜びで、それによって彼に愛されていると感じたり、自分も彼のことがさらに好きになれたりするものです。

では、サプライズ下手な彼はどうしたらいいのか。プレゼントのセンスが悪い彼は仕方ないと諦めるべきなのでしょうか。

実は、男性が知らないことは、あなたが教えてあげさえすれば、簡単にできるようになります。なので、落胆する必要はありません。

サプライズができないことは、いままでお付き合いしてきた元カノが、それでよしとしてきたからかもしれないし、彼自身がサプライズされたことがなく、その喜びを知らないだけかもしれません。
ならば、あなたが一つひとつ丁寧に教えてあげればいいのです。

そもそもサプライズって何なのか。どうやってやればいいのか。基本からその方法をレクチャーしましょう。

お店選び自体がわからないのであれば、「次の記念日にはここのお店を事前に予約しておいてね。最後のデザートにはHappy anniversaryとメッセージを書いてもらうようお店の方に伝えておくんだよ」と、ここまで伝えます。

プレゼントも何がほしいのかを伝え、事前に購入をお願いして当日持ってきてもらいます。

ここまでやるなんて、サプライズではないと思いますか？
残念なことに、あなたが求めるサプライズが完璧にできる男性はいません。
はじめに自分がほしいサプライズを教えておいて、それをしてくれたらとびっきりの笑顔でリアクションし、彼を褒める。
そうすることで、彼は自信を得てモチベーションが上がり、次はさらにバージョンアップしたお祝いをしてくれるかもしれません。

一度や二度、事前にお願いしたサプライズをすることによって、この先、サプライズができない彼に対し、不満を募らせることはなくなるのです。

また、してほしいことを、まずあなたから彼にしてあげることも効果的です。

たとえば私は、彼の誕生日にディナーに誘い、お店に着いたら、彼の友人や私の友人が揃って待っているというシチュエーションをセッティングしました。

彼にとって友人とワイワイできることは何よりも幸せなことなので、とても喜んでもらえました。

この一件から、彼は記念日や誕生日に、私が喜ぶことを一生懸命考えてくれるようになったのです。はじめてのプレゼントのときのように、「彼自身だったら嬉しいこと」ではなく、普段から私の言動を観察して、「私が喜ぶこと」を考えてくれるようになりました。

どんなにあなたを大切に思っていても、あなたを喜ばせることは下手だということはよくあることです。

サプライズをしてくれない彼にモヤモヤしていた講座生のみなさんにも、このような方法でサプライズ上手な彼に変化した報告をたくさんもらっています。

やり方がわからないのか、余裕がないのか、大それたことをしなければいけないと思っているのか、それとも、しているつもりになっているだけなのかもしれませんよね。

どうしたらあなたが喜ぶのか、彼に一つひとつ丁寧にレクチャーしてあげましょう。

「運命の人」は自分で仕立てる

Q 「第一印象」で、すぐにナシ判定していない？

「運命の人」というのは、誰が決めると思いますか？

神様？

それとも占い師さん？

私は〝自分〟だと思っています。

運命の人かどうかは自分が決めて、共に過ごし最期のときもそう思えるように仕立てていくものなのです。


彼のいないことを嘆く講座生にはいつも、「パートナーは探すのではなく育てるもの」だと伝えています。

「こんな人がいいな」と思う理想に1割くらい当てはまっていればいい。「こんな人は絶対嫌だ」と思うことが3つくらい当てはまっていなければいい。あとは自分次第で変えられるという前提で決めましょう。

たくさんの条件を掲げて世界中を歩きまわったって、理想100%の人に出会えるかなんてわからないことです。

ただ、それを知るための時間とエネルギーがあるなら、10%くらいの男性を自分好みに仕立てた方がずっとラクなのです。

むしろ、自分との関わりの中で、彼がより素敵な男性へと変化していく過程はとても嬉しいもの。時間と愛をかけるだけ愛おしさは増していくものですから。

正直なところ、私は夫に出会ったとき、「いい人だけど、恋愛対象としてはないかな」と思っていました。

告白をされても断ろうと思っていたのですが、一晩考える中で「ないかどうかはいま決めることじゃない。付き合いながら、さらに彼を知り、自分を知ってもらってから決めよう」と思いました。

「好きになる」も恋愛においては必要なスキルなのです。

ドラマや映画のように一目惚れや突然胸が高まるドラマチックなはじまりを待っていても恋は遠のくばかり。自然に気持ちが動くのを待つのではなく、現実では自分から好きになりにいく努力が必要です。

そのためには、彼を好きになるために、彼のどの部分を知ったらいいのか、自分のどんなところを受け入れてもらうと心を許すことができるのかと考えてみましょう。

彼は普段、どんなことを感じて何を大切にしてどう生きているのか、彼が目の輝く質問をしたり、2人だから楽しめる時間を見出していくのです。

講座生の中に、男性の自慢話がつまらなくて苦手という人がいましたが、それこそが、恋愛に発展するポイントです。

男性は興味のある女性だけに自慢話をするもの。

彼の話を楽しんで聞くことができたら、2人の関係は一気に恋愛モードになります。
仕事の難しい話がつづくようだったら、「私にもわかるように簡単に教えて」とお願いすればいいし、何でもいいので彼が興味のある話題を見つけて、会話を繰り広げればお互いの気持ちが高まりだすもの。

また、2人だけの呼び方を作ったり、2人だけしかわからない笑いのポイントができたら、もう2人のオリジナルワールドのできあがりです。
そして、「この人を好きになろう」と決めてしまえば、彼のいいところがたくさん目につくようになっていくのです。

あとは、その彼が運命の人だと決めるだけ。「最後の男」と決めて、そのつもりで関わっていきましょう。

直してほしいところは、「感情ベース」で伝える

Q 言いたいことがあるのに溜め込んでいない？

「彼は欠点もなく理想の男性。何もかもパーフェクト！」なんてことは、なかなか思えないのではないのでしょうか。

どんなに大好きな彼であっても、「ここはちょっと直してほしい」「もっとこうしてくれたらいいのに」と思うことは少なからずあるものです。そして、それを伝えずに我慢している女性が世の中にはとても多いものです。

私も、以前は彼に直してほしいことがあっても、我慢をして不機嫌になることがよくありました。

やっと言葉にできても、「なんでそういう言い方をするの？」「前から思っていたけ

ど、いつもそうだよね」と相手を責める言い方しかできなかったのです。

そうすると彼はムッとして話し合いを放棄し、結局彼の言動は直らないままという悪循環を繰り返していました。


でも、あるとき、いい方法を見つけました。

それは、彼の言動がいいか悪いかは別として、それによって自分はどう感じたのか「感情ベース」で伝えるということです。


たとえば、私は自宅でテレビを見ながら食事をするのが好きではありません。

食事中は会話を楽しむ時間にしたいし、作った料理の感想を聞きたい。テレビを観ながら、適当に相槌を打たれるのは、とても悲しく感じるからです。

ただ、彼はテレビを観ながら食事をするスタイルで育ってきたので、それが彼にとっての「普通」なのです。


そこで、**「テレビを見ながら話を聞かれると寂しいな」「食事中は目を見て会話ができたら嬉しいな」**というように、優しく「感情ベース」で思いを伝えるようにしました。

するとは彼は「寂しい思いをさせてしまったんだ」と素直に受け取り、テレビを消してくれたのです。

ついつい言ってしまいがちな「〜すべき」「〜でしょ」「普通は〜なのに」という言葉は、相手からすれば、自分を全否定されているように受け取ります。

そもそも価値観に関して正解などはなく、食事の食べ方や言葉のセレクト、人への思いやり方なども、お互いが幼いころから「普通」としてきたことがあるのだから、正解は人それぞれ違うのです。

だからこそ、どちらかのやり方に変えようとするのではなく、2人の中で新たな方法を導き出しましょう。

「いままではこうだったけど、私たち2人の中ではこうやってみよう」「2人がより幸せに感じる方法を正解にしよう」というように。

そのためにはまず、相手の発言や行動に対して、自分がどう感じたかをきちんと言葉にして伝えることが大切です。

また、その言葉は、感じたときに必ずその場で伝えましょう。

言いづらいからと我慢したり、「まっいっか」と先のばしにしたりすると、そのうち必ず爆発してしまいます。

大好きなはずの彼を結果的に傷つけてしまうなんて不本意ですよね。

私の「正しい取説」をわかってもらう

Q 「○○くんに合わせるよ」がログセになっていない？

パートナーシップを育んでいくということは、長い時間をかけてお互いの取説を熟読していくようなものです。

追加されたり、修正されたり、いつまでもつづく取説を1ページずつ渡して読んでもらい、自分の正しい扱い方をマスターしてもらう。

だからこそわかりやすい自分になった方が大切に扱われやすいですし、あなた自身が自分の扱い方をきちんと理解して、彼に説明できるようになることが重要なのです。

ここで、実際に取説の作り方をお伝えしましょう。

これはできる限り、細かくわかりやすくすることがポイントです。

たとえば、「なんて呼ばれたいのか」「どんなところを褒められたいのか」「どんなデートがしたいのか」「デートでのお金についてはどうしたいのか」「彼にしてもらいたいサプライズはどんなものか」「機嫌が悪いときはどう対応してほしいのか」。あなたの求める付き合い方を明確にしていきます。

取説ができたら、次は彼にリクエストしていきましょう。

そのリクエストは小さくわかりやすく伝えていきます。

多くの方は、「褒めてほしい」「毎日連絡してほしい」「サプライズしてほしい」と、ざっくりと伝えてしまっていますが、男性からすると、自分で想像して行動しなければいけないので、めんどくさく、「この子と付き合うのは大変だ」と感じてしまいます。

そこで、「褒めてほしい」のであれば、いつ、どの部分をどのように褒めてほしいのかを全部伝えるようにしましょう。そして、実際にレクチャーします。

私だったら、目が合って笑ったときに「笑顔が可愛いね」と言ってほしいので、そのことを伝えてから、彼と目を合わせてニコッと笑うのです。彼が、「笑顔が可愛いね」

と言えたら、「正解！」というように実例を見せます。

女性は敏感すぎますが、男性は鈍感すぎます。

あなたが「察してよ」「普通わかるでしょ」「愛があればできるでしょ」と思うことも、彼にはさっぱりわからないということはよくある話です。

そのため、「何食べたい？」「どこに行きたい？」と聞かれて「なんでもいい」「どこでもいい」「〇〇くんがいいと思うものでいいよ」は禁句です。

彼に聞かれたら、自分の要望を明確にリクエストすること。

事前に情報を与えて、彼があなたを喜ばせる過程にレールを敷くことで、彼の「いい男度」はグッと上がります。

一番やってはいけないのは、彼があなたにどう対応したらいいかわからない状況にすることです。

「なぜかイライラする」「なんか楽しくない」「なんか不安」などと、彼が具体的にどうしたらいいのかわからない態度をとってしまうと、彼は困って、それがつづけば、

「めんどくさい」と思われて愛が冷めていきます。

また、自分といても愛する人を不幸にしてしまうのだと感じ、男性としての自信を失い、あなたのパートナーが自分である必要性を感じなくなるのです。

自分の取説は、「いつ」「何を」「どうしたらいいのか」と具体的に行動に移せる内容にまとめておきましょう。

シンプルな内容であるほど、彼はもっとあなたを攻略していきたいという気持ちになります。

そして、それを繰り返していくうちに、彼は、あなたにとって運命の人になっていくのです。

彼をいい男に格上げする「最高の褒め方」

Q 照れずに、素直に、いいところを伝えている？

恋愛力＝褒め力だと思うほど、恋愛において褒めるスキルはなくてはならないものです。褒めることのできない関係は、お互いが成長しにくい関係でもあります。

ただ、褒めると言っても、何でもかんでも褒めればいいというわけではありません。


一番理想的なのは、彼のかっこわるいところや、コンプレックスを褒めること。

男性は、自分の弱点を極力隠したいと思っていて、愛する女性にはかっこわるい部分は一番見せたくないと思っています。

彼が隠し通そうとしているなら、見ないふりをするのも手ですが、あえてそこをプラスに変えて褒めるということは、彼のセルフイメージを変えるほどのパワーがあります。

たとえば、人前で話すのが苦手という人には、「いつも聞き上手なところが魅力的だよね。人の話に耳を傾けて聞く姿勢が素敵だと思う」というように伝えます。

すると、長年、自分は話し下手で人前でおもしろいことや、かっこいいことが言えないことがコンプレックスだったのに、そう言ってくれる女性によって、自分のコンプレックスへの認識が変わるのです。

その女性に対しても感謝の気持ちを持つことができますよね。

また、私がよくやっているのは、第三者の前で彼を褒めることです。

たとえば、彼の友人や仕事関係の人に、私の仕事を褒めていただいたときは、「彼のおかげで好きなことをさせてもらっています」「彼が家事や育児に協力的なので、できていることなんです」というように、彼によって私はうまくいっているということを伝えています。

彼からすると、私からは褒められ、その場にいる人の中で自分の株も上がって一石二鳥の喜びに繋がるのです。

また、SNSでも彼にしてもらったことをアップすることで、私のフォロワーからも彼の評価がぐんぐんと上がっています。

女性はしてもらったことを自慢したいものですが、男性はしてあげたことを自慢したいところがあるので、それもWinwinな褒め方なんですよね。

男性は自信のない生き物です。自信がないゆえにかっこよく見せたり、強く見せたり、自信につながる仕事に注力する傾向があります。

また、愛する女性を自分の力で幸せにすることができたら、彼にとって大きな自信に繋がります。

そこを汲み取って、自信を与えるように褒めていくのが、本命になれる女なのだと思います。

つまり、大切なことは、「あなたによって私は幸せでいられています」ということをあらゆる面から伝えることなんです。

ポイントとしては、彼がしてくれたことに形容詞で喜ぶということです。「嬉しい」「楽しい」「おいしい」は「ありがとう」の次にたくさん伝えましょう。

また、ただ「嬉しい」では具体性に欠けるので、「○○くんが私を喜ばせようとしてくれてることが伝わってすごく嬉しい」「○○くんが計画してくれるデートはいつも楽しい」「○○くんがチョイスするお店のお料理はどこもおいしい」というように、彼のどんな行動によってどう感じるのかを、具体的に褒めると説得力が増して、彼の喜びも倍増します。

先日、講座生が連絡が少ない彼に、「○○くんから『おはよう』のメールをもらうだけでとびっきり特別な一日になるからすごく嬉しい！　苦手なメールを私のために送ってくれたこと、それだけで最高に幸せだよ」と伝えたところ、次の日からも毎朝「おはよう」のメッセージが届くようになったそうです。

きっと、どのぐらい「嬉しい」のかわからないようなリアクションであれば、彼の心には響かなかったでしょう。

彼のかっこわるいところはどこでしょうか？
彼のコンプレックスは何でしょうか？
誰の前で褒められると嬉しく感じるのでしょうか？
また、彼があなたのためにしてくれていることは何でしょうか？

たとえ、自分ができてしまうことであっても、彼を頼り、やってもらったことに対してちょっとオーバーに「あなたのおかげで幸せ」と言えたら、彼の自信は養われ、あなたに何かしてあげたいという原動力になっていきます。

惚れ直すくらい、「かっこいい彼」に変身させる

Q 「彼、外見がイマイチ」とがっかりしていない?

「出会いがない」が口ぐせの人は、出会いがないのではなくて、出会ったことにしていない場合が多いように感じます。

それは、出会っていても、見た目がタイプではない、自分の理想とする男性とは違う、というように即NOとして、出会わなかったことにしているのかもしれませんね。

そういう人ほど、一度立ち止まってほしいなと思います。

なぜなら「見た目がタイプではない」が彼をNOにした理由ならば、それはYESに変えられるものだからです。

私が夫と出会ったときに、恋愛対象として見られないと感じた理由の一つは、彼のファッションでした。

特別オシャレな人が好きなわけではなかったけど、私はぴったりとしたTシャツにパーカーよりも、きれいめなシャツにジャケットが好き。スキニーのジーンズよりも品がありつつ爽やかな短パンが好き。

ただ、彼は私の理想の真逆をいくようなファッションだったのです。大学生のような子どもっぽさと、全体のバランス感がどうしても好きになれませんでした。

付き合ってからもデートのたびに心の中で「ないな」と思っていたほど（笑）。

ただ、ファッションで彼を減点してしまうのはとてももったいないと思い、少しずつ彼のファッションの改造を試みました。

その方法はとても簡単で、いまではすっかり私好みになっています。

その方法は、「提案して」「試させて」「褒める」× 変わるまで、です。

たとえば、一緒にショッピングに行き、「○○くんがよりかっこよく見える服を選ばせて♡」と自分好みのものを試着してもらいます。

試着室から出てくる彼に向かって、「**やっぱりこういう感じの方が、より素敵に見えるね！　ね、すごく似合っていますよね？**」と店員さんを巻き込みながら、褒めること。彼は半信半疑だったりしますが、私の嬉しそうな顔に納得して、購入に至ります。

男性はファッションに強いこだわりがあるというよりは、自分に似合っていて、他人に好感を与えるファッションを望んでいる人が多いように感じます。

おしゃれにこだわりがある男性でも、「かっこよくありたい」「モテたい」「愛する人にとっていい男でいたい」という気持ちがファッションへのこだわりの大きな根源なので、彼がかっこいい男でいられるようにプロデュースしてあげればいいのです。

彼女の「似合ってる」「さらにかっこよく見える」という言葉で、ファッションを変えることは難しいことではありません。

ただ、このときに重要なのが、否定をしないことです。「いつものファッションがダサい」とか「センスがないから私が選ぶね」では、彼のプライドを傷つけ、逆効果になってしまいます。

大事なのは、「いつものファッションもいいけど、こっちの方がより似合うよ」と彼のチョイスを肯定してあげることです。

実際に彼のファッションは大きく変わり、彼の友人や私の友人からも好評で、褒められる機会も増えて、彼は自信を持つことができています。

また、自分のセルフイメージを変えてくれた私に、感謝の気持ちを抱いてくれたようで、特別な存在だと感じてもらえるようになりました。

彼からも「ゆきちゃんのおかげで、おしゃれが楽しくなったよ。自分へのイメージもがらりと変わった！　こんなにも変えてくれた彼女はいままでいなかったよ」と言ってもらえます。

結婚をしてからは、私がより彼のことをかっこいいと感じられるように、デートでは、私が彼のコーディネートを組んでいます。

「今日は特別楽しみにしていたデートだから、○○くんをとびっきりかっこいいと思えるように、私に選ばせてほしい」と伝えれば喜んで任せてくれます。

これは、いつまでも彼にキュンとする瞬間を作り出す秘訣でもあるかもしれません。

あなた好みの彼に変えて、いつまでも彼に恋をしていきましょう。

大切な彼だからこそ「頑張って」は言わない

Q　自信をつける言葉のレパートリー、知っている？

男性への言葉のチョイスで気をつけていることがあります。
それは、「頑張れ」という言葉を言わないということです。

なぜなら、ほとんどの男性は、いつもちゃんと頑張っているからです。
とくに仕事に対しては、女性よりも頑張ることのスタンダード値が高く、時間的にも内容的にも大変なケースが多いもの。

そのうえ、女性の前でかっこよくいようとしていたり、家族を守るためどんなに大変でも頑張ることを当たり前としている人も多くいます。

ですから、それ以上頑張らせないことが女性の役割だと思います。

「もうすでに十分頑張っているよ」ということを伝えてあげたり、いい意味で力を抜いて、頑張るより楽しむスタンスを伝えてあげたり、仕事よりも彼の身体や心が健康であることが第一だと気づかせてあげたり、癒しを与えてあげたり……。

自分自身を疎かにしてまで目の前のことに全力になってしまいがちな彼に、あなたができることは、心を緩めてあげることなのです。

講座生にも、彼にエールを送りたいときは、「頑張れ」ではなく、彼自身が自信を持って前に進めるよう彼の可能性を信じていることを伝えるようアドバイスしています。

仕事でプレッシャーを感じているときはもちろん、普段から仕事を頑張りすぎている彼の心配や不安感がやわらぐよう優しく手を握りながら目を見て、

「○○君ならできるよ」

「○○君なら大丈夫」

これは、彼がよりいい男になる魔法の言葉だと思っています。

何かあったときというよりは、普段からそんな言葉を伝えられるといいですね。

シンプルだけど親愛なるパートナーだからこそ説得力のある言葉です。


ある講座生は、「大丈夫、あなたならできるから、無理なく楽しむことが大切だよ」と伝えるようになってから、「頑張れ」ばかり伝えていたころに比べ、彼が仕事でどんどん成功するようになったそうです。

そして年齢の割に早く出世をし、収入が増えて、さらに彼の結婚への意識が高まったそうです。

意図したわけではないけど、彼の可能性が広がったようで、その変化が嬉しいと話してくれました。


男性は小さいころから嫌というほど「頑張れ」「男の子なんだから」と言われてきて、頑張ることが美徳だと思い込みがちです。

ただ、彼は頼れる男性でもあり、1人の人間です。調子がいいときばかりではないし、精神的にめげてしまうときもある。どんなにかっこつけていても弱音を吐きたいときもあるし、甘えたいときだってある。

そんなときに一番側にいてくれるパートナーから「頑張れ」ではなく、「十分頑張ってるよ」と声をかけられたら、本当の意味で救われると思うのです。

ときには、ブレーキをかける選択肢を与えてあげられる。そんな女性が、本物のパートナーではないでしょうか。

V

相性81〜100％　お互いにとっての本命になる

「本当の自然体」になる

浮気をされないように必死にならない

Q 他の子に目移りさせないように、束縛したことはある？

浮気は誰だってされたくありません。
とくに、一度でも浮気された経験のある女性は、彼の前に自分よりも魅力的な女性が現れたら、離れていってしまうのではないかといつも不安を抱いているのではないでしょうか。

そのために、彼のことを監視したり疑ったり、脅したりして、彼との関係に緊張感を持たせてしまいがちですが、浮気をされたくないと必死になればなるほど、幸せな関係とはかけ離れていくものです。

そもそも浮気をされて悲しい気持ちになる一番の理由は、自分には価値がないと言われているように感じるから。

つまり、「彼から愛されること」＝「自分の価値そのもの」だと捉えることをやめれば、この苦しみから抜け出すことができるのです。

私はもし夫が浮気をしたとしても、悲しみで絶望的になることはないかなと思います。

もちろん、とても悲しいことなので、どう彼に言葉を伝えたらいいか戸惑うと思いますが、きっと私だったら、和室に彼を呼び出し、私の気がすむまで土下座をして謝ってもらい、反省文と1年間くらいは毎日ラブレターを書いてもらうことで許すでしょう（笑）。ただ、次はないと戒めの言葉をしっかり伝えます。

つまり、浮気ぐらいでは別れを選ばないということです。

なぜなら、2人で何年も話し合いを重ねてきた場数は絶対的な価値があって、その関係はどの女性にも邪魔することができないという自信を持っているから。

また、男性が浮気をする理由には、他の女性にチヤホヤされたいという承認欲求がありますが、彼をいい男として認めるだけでなく、さらに育てられる私以上の女性はなかなかいないと思うからです。

焦って取り乱すことはしませんし、日頃から浮気をされることを恐れて彼の自由を奪うこともしていません。

よく、「浮気をされない方法を教えてください」と質問されますが、小手先の手法では何の意味もありません。

時間をかけて、揺るがない土台を作っていくことに徹するのみです。浮気をさせないように彼をコントロールするのではなく、彼にとって絶対に離したくない存在になることが重要だということ。

たとえ、魔がさすことがあっても、あなたを失うことほど怖いことはないと思わせる存在になることなのです。

では、あなたを「失いたくない」と彼が思うようになるポイントを、ここで一つご紹介します。

それは、彼に自由を与えること。

お金、時間、思想、行動など、彼がしたいことに細かく口出しをしないことです。

なぜなら、男性が他の女性を求めるときは、彼女が必死に追いかけ、束縛しているというときがほとんどだからです。ですが、男性は自由を与えるほど、浮気したいと思わなくなる生き物です。

ただ、彼のすべてに対して順従になりましょうという話ではなく、彼や2人の幸せから逸脱するようなことがあれば、厳しい態度をとることも必要です。

とくに、相手に対して興味を持とうとしなくなったり、話し合いから逃げようとする姿勢だけは許してはいけません。

つまり、「自由に生きさせてくれる」「幸せを願って愛のある本音を伝えてくれる」「心が自立していて依存することがない」というように、彼があなたを認識すれば、彼は必ずあなたから離れられなくなるのです。

大事なのは、「浮気をされないように」とか、「もっと愛されよう」と思って必死になるのではなく、愛することを楽しむスタンスでいること。
彼を好きでいることで毎日ワクワクしたり、女性としてもっときれいになりたいと思えたり、愛することで心が広くなり人間として深みが増すことも、彼を愛することによって得られるギフトなのです。

そもそも「頑張る」ということは無理している状態です。
一方で「楽しむ」ということは、自分にできることを無理なくやること。どんなに素敵な女性が他にいたとしても、自分との関係を楽しんでいる人に勝る人はいません。

彼に「自分との関係は楽しいもの」「唯一無二の場所」、そう思わせたいなら、常に恋愛を楽しむスタンスでいましょう。それが浮気されない究極のコツなのです。

〝最後の女として愛されてる女性〟は、何も頑張っていません。

彼に「別れたい」と言われたら……

Q 「悪いところは直すから」と彼にすがっていない？

彼から別れを告げられたときに「いやだ、考え直してほしい。話し合いたい」と泣きながら彼にすがり、別れを拒否したことがある人は多いのではないでしょうか？

これは、彼からすると「あなたの決断はどうかしています。あなたの意思を否定します」という一方的な言葉にも置き換えられます。

そもそも、2人が別れに至るのは、話し合いが成立しない関係だからではないでしょうか。

そこで話し合いを重ねたところで、「別れる理由はないね」とはならないと思うのです。

むしろ、あなたの言う「話し合い」とは、「別れることにならないように彼の意思をねじ伏せる行為」なのですよね。


人を好きになるということは、相手の意向を汲んであげたいと少なからず思うもの。相手の話に耳を傾け、食べたいものがあれば食べさせてあげたり、ほしいものがあればプレゼントしてあげたり、求められたら差し出してあげたくなるものなのです。

そうやって、できる範囲で意志を尊重してあげたいと思うのが無償の愛なのです。


一方で、できないことや、やりたくないことを差し出すということがはじまると、幸せとは程遠い関係になっていきます。

彼が別れを決断したのにも関わらず、それを受け入れないということは「あなたが幸せではなくても付き合いつづけたい」と言っているようなもの。


誰にとっても大好きな彼との別れは辛いものです。

突然のことであれば、とくに拒否反応が出るものですが、恋をはじめる瞬間からどんな形であってもいつか別れがくる可能性があることはわかっていたことです。

私は、愛するということは、「いつか別れる心構えをしておく」ということも含まれると思っています。


だからこそ、その別れが明日にならないよう、彼を縛るのではなく、人として敬い、自由を与えてあげるように愛したいものです。


以前、夫とも話したことがあります。

もし、これからどちらかが別れの話を切り出したら、その意志を尊重し、責めずに応じようね、と。

また、愛情を試すために、別れ話をしないようにしよう、とも。

「この人とずっと幸せでいる」という覚悟を持っているからこそ、軽々しく別れを口にするような2人にはなりたくないと思い、約束しました。

失恋は辛く悲しいものですが、失恋によって傷つくからこそ、人は成長できるのです。

失恋するたびに自分の愛し方を見直すことができれば、いつか必ず一生ものの幸せな関係を手に入れることができます。

愛する人と結婚が決まり、毎日同じ場所へ帰る幸せを感じたときには、過去の失恋はなんてことない傷になっているのですから、きっと大丈夫。

忘れたころに「元通り」は叶えられる

Q　関係をやり直すためには、どうするのがベスト？

夫とは恋人時代、一度別れることを選びました。

彼のことは大好きでしたが、その気持ちには彼への依存心が隠れていました。

そのときの私は、自分で自分を幸せにできていなくて、彼に求めることばかりでした。

彼がいないと呼吸もできないほどの関係は、自分自身も疲れるし、このまま結婚してしまえば、お互いの人生がイマイチなものになってしまうと思ったのです。

このまま付き合っていても、結婚することはできるだろうし、このぬるま湯に浸かった関係はとてもラクでしたが、このことで、これから先も悩みつづけるのは正直うんざりでした。

彼の魅力は、笑顔が素敵なところなのに、会えばケンカばかりで、そのたびに彼の困り果てた顔を見るのは辛くて仕方なかったことも理由の一つです。できれば離れたくないけれど、こんな関係のままでも本当に幸せだと言えるのか……。

そうやって自分の中で葛藤を繰り返しましたが、彼のことが大好きだからこそ幸せになれない2人なら、一緒にいる必要はないですし、「いまは自分を立て直すときなんだ」と強く感じました。そこで、彼に別れを告げたのです。

彼は、「わざわざ別れなくてもいい、変わらなくてもいい」と言って、別れを拒みましたが、そんな彼を見て、これは私だけではなく、お互いに依存し合ってる関係だなと痛感しました。

別れてからは、彼のいない、いまを思いっきり楽しみました。

彼と付き合っていたころはデートを最優先していたため、しばらく会えていなかった友人と会ったり、1人で旅行に出かけたり、大好きなマラソンに精を出したり。

いままでは、いつもどんなことにも彼を絡ませて考えていたので、自分だけのために生きる時間はとても新鮮でした。

また、洋服は彼目線ではなく、自分がときめくものだけを選んだり、彼との結婚を視野に転職活動をしていたけど、自分が本当に働きたいと思う職場だけを探すようにしたり、スケジュールも毎回彼と予定を合わせてから組んでいたけど、自分都合だけで決めるようにしたら、毎日がとても楽しくなりました。

もちろん彼がいないことに、胸が苦しくなるときもありましたが、それも自分の弱さなのだと認めて静観するようにしました。すると不思議なことに、そんな人間味のある自分のことも愛おしく思えてくるのですよね。

いままでは自分を減点方式でダメだしばかりしてきたけれど、ありのままの自分を受け入れることで心がラクになり、自分であることが楽しく感じ、彼がいなくても自分がいたら大丈夫なんだと、はじめて心から安心できたのです。

前にもお伝えしたように、そうやって自分を好きになること、自分という人がどんな人なのかを知り、どうありたいのか、どう生きていきたいのかを探ることで恋愛に依存しなくても人生を楽しめるようになれるのです。

そんなときに彼から連絡があり、再会することになりました。

そのときはもう、不思議と彼への執着心はなく、彼のことを思い出すととても温かい気持ちになったのです。会っても前のように彼に求めることも、自分をよく見せたいと頑張る気持ちもない。

自分が満たされているから、「愛されたい」よりも「愛することを楽しみたい」と思えたのです。

そして、驚くことに彼も同じように変化していました。私と同じく自分に自信のない人でしたが、離れている間に自分のあり方を見つめ直していたそう。

とくに変わっていたのは、物事に対する視野が広がっていたことです。

以前は「こうでないとだめ」と思い込み、頑固な部分が多い彼でしたが、私との関係を見つめ直したときに、自分の考えが正解ではないと気づいたと言います。

そして、違いをわかり合おうとするのではなく、それぞれに違う考えがあることを認めるだけでいいと思うようになり、私とまた向き合いたいと思ってくれたのです。

そう思えるようになったのは、「どうして2人はうまくいかないのか」ではなく、「どうしたらうまくいくのだろう」という視点で考えるようになったからだそう。

離れている間にお互いに同じように成長することができたことを知り、「いまなら、彼と心地いい関係を築くことができる」と確信しました。

彼と再会したのは、とても自然なタイミングだったように感じます。

きっと離れている間に、私が復縁を目指して奮闘していたら、今度こそうまくいくという確信は持てなかったと思います。

また、これはたまたま復縁に至っただけであり、自分が変化したとしても彼が同じように変化していなければ釣り合わない2人になっていたでしょう。

このことから、多くの復縁したカップルに話を聞くようになり、復縁したいという人のサポートをするようになりましたが、驚くことに、復縁できたカップルのほとんどは、復縁を目指して頑張ってはいないのです。つまり、彼だったらいいけど、彼でなくても幸せになれる私になることが復縁への最短ルートということ。

復縁をしたいなら復縁を目指さないこと。自分が自分であることを愛し、恋愛から切り離し、1人の女性として幸せに生きることができたときに、自分にとって必要な男性と巡り会えるだけなのです。

幸せだったらなんだっていい。

やはり、ここに行きつくように感じます。本当に心からそう思えたら、ご褒美のようにあなたの望む恋愛を手に入れられるのです。

復縁をしたら、ゼロからスタートする

Q　よりを戻しても、また同じ原因でケンカするのはなぜ？

講座生にも、復縁を目指している人が多くいます。

ただ、自分が何も変わらない前提の復縁は、なんの意味もありません。また同じ別れを繰り返すことになるだけです。

復縁するためには、まず別れた理由を見つめ直さなければいけませんし、その理由を超える「2人でいる理由」を見つける必要があります。

そして、復縁はやり直しではなく、ゼロからはじめるというスタンスでいることが重要なポイントです。そこで以前の付き合いのつづきという概念は捨てましょう。お互いが以前とは違う新しい自分になってまた出会い、新たにはじめていく気持ちでないとうまくいきません。

私と夫も、復縁をしたときに一から関係を構築していく気持ちでいました。前の関係をいったんオフにして、ゼロの状態から信頼を積み重ねるように付き合いはじめています。

「以前に付き合っていた彼」と思うと、馴れ合いの関係になってしまいがちですが、そうではなくはじめて出会った彼のように接すること。付き合ったばかりの人と、すぐにお泊りデートなんてしないですよね？

一から丁寧に接して新たに関係を作っていくのです。

ただ、一つだけ「前の彼とよりを戻した」というスタンスでいてほしいことがあります。それは、離れている間のお互いの変化を聞き合うことです。

そこで価値観を擦り合わせて決めることは、「お互いのために無理に何かをするということはやめよう」ということ。

自分のために生きて、そこに寄り添うように、２人の関係があったらそれが幸せなのです。

２人が一緒にいることが、一番重要なのではなく、２人がお互いに幸せであること、そして、同じ方向に向かって楽しく生きていくことが最も重要なんだと何度も確認し合ってください。

そんな話ができれば、自然とこの人と生涯を共にしたいと想い合うことができます。お互いに求め合うのではなく、自分を生きることがお互いのためになるなら、これからの人生がより幅広く豊かになっていくと確信できるはずです。

復縁するのなら、彼に執着するのではなく、お互いの幸せに執着することが大切です。

復縁に固執すると、その大切なことが置いてきぼりにしてしまいがちなので、忘れずにいたいですね。

1人でも幸せ、彼といたらもっと幸せ。
彼だったらいいけど、彼じゃなくても幸せになれる。

それくらい自由でいられたら、不安なくラクに進んでいけます。
新しい私になって、新しい関係を再構築していくのが実りのある復縁です。

遠距離恋愛は、言葉にすることが一番大切

Q 距離と一緒に心の距離もひらいていない？

当時付き合っていた彼と、3年ほど遠距離恋愛をしていたことがあります。

会えたときの嬉しい気持ちと、会えない間の寂しい気持ち、どちらを思い出しても心がキュッと苦しくなります。

普通のカップルならちょっとだけ時間を作って会ったり、時間を忘れてゆっくりデートしたり、「また今度会ったときね♡」と軽く言えたりすることが、特別なことになってしまうのが遠距離恋愛なのですよね。

好きな人と感情や経験を共有したい女性にとって、簡単に会えないことはとても辛

いことです。

私も遠距離恋愛をはじめたばかりのころは、泣かない日なんてなかったと思うほど、苦しい気持ちでいっぱいでした。

毎日、彼から何時何分にメールが届いているかチェックし、メールしてから返信までに何分かかるか時間を計ったりしていました。

当時はフェイスブックが主流だったので、フェイスブック上ではオンラインになっているのに、返信がこないときは悲しくて仕方がありませんでした。

いま思うと、常に動向チェックを欠かさない、まるでストーカーのよう（笑）。

このように、離れていても、彼ありきの自分でいては疲れてしまいます。

また、会う日を指折り数えるほど楽しみにしているのに、実際に会えば、素直になれず、ツンツンした態度をとってしまい、ケンカばかりしていました。

本当は寂しいのに強がってしまい、心が慌ただしいのが遠距離恋愛だと思います。

そもそも、なぜ遠距離恋愛はつづきにくいのか。

それは、寂しさが募ることが大きな原因です。

お互い、会う日を目指しながら、相手のいない日常を送っているので、会わない期間に、相手のことを美化してしまいがちです。

すると、相手や2人で過ごす時間への期待値が高まり、実際に会って、楽しい時間を過ごせなければ落ち込み、その後会えない時間は不安でいっぱいになるという悪循環に陥ってしまいます。

そのため、もっと愛されたいと尽くしたり、寂しさに負けて、他の男性の優しさに心が揺れる人も少なくないと思います。

また、遠距離恋愛では、リアルな問題として休みを確保しなければいけないし、交通費がかさむことも結構大変だったりしますよね。

ただ、遠距離恋愛ってネガティブなことばかりではありません。

私もはじめは会えないことが辛くて仕方なかったけれど、すぐに会えるカップルよりも成長できると気づいてから、物理的距離さえ愛おしく感じるようになりました。

「彼と会えない日々はつまらない」ではなく、『1人でも楽しい』を作り出せるあなたになりなさい」という彼からのギフトだと捉えられるようになってから、恋愛依存を脱却することができました。

彼がいないときとは違って、彼探しをするわけではないから、自分時間を楽しめるようにもなりました。遠距離恋愛こそ、「独り占めスキル」が重要なのですよね。

以前はメールや電話ではいつもありきたりな内容ばかりだったけど、私が楽しんでいる日常を報告するようになると、次第に彼からの連絡も増え、2人の心の距離が縮まりました。

そう、遠距離恋愛は、きちんと連絡を取り合うことがとても大切です。

会わない分、会話に彩りがなくなるのは事実だけど、お互い日々変化しているはずだから、相手を前回会ったときのイメージのままで捉えていると、すれ違いを起こしやすくなります。

彼は、毎日どんなことを感じているんだろう。どんな毎日を過ごしているんだろう等々、日々の変化を知ろうとする姿勢が２人の距離を縮めてくれるのです。

遠距離恋愛では、頻繁に会えるときよりも、さらにお互いの気持ちを伝え合うことが重要。また、その距離に慣れることも大切なポイントです。

遠距離恋愛こそ、

「～のはず」
「～のつもり」
「普通は～だろう」
「私だったら～」

などと自分の中で相手を決めつけたり、自分の当たり前を相手に押し付けないことです。

「嫌われたくない」と、自分の感情を隠し偽らず、かといって彼の一言ひと言に振り回されすぎない。

お互いのライフスタイルを尊重しつつ、日々言葉を交わす習慣を作ってくださいね。

新鮮さがなくなったときは

Q　よくもわるくも、彼が「空気」になっていない？

お付き合いが長くなると、馴れ合いの関係になってしまいがち。

「出会ったころのようにラブラブになりたい」「新婚時代に戻りたい」と内心思ったりしますよね。

ただ、そんなとき男性側は、「安心感を与え合える関係になれた」と捉えていたりします。

一方で、女性は「女性として見てもらえなくなった」「彼は私のことを好きなのかわからない」とネガティブに捉えてしまうもの。

そして、彼に対して不満を募らせて、自信を失いそうになってしまいます。彼があぐらをかいてることに対して、彼を責めたり、女性らしさを磨くことを怠ったり、もっと自分を女性として扱ってくれる男性を求めて浮気をしてしまう人も多いのではないでしょうか。

そもそもマンネリ化って、彼との関係に飽きているのではなく、実は自分に飽きていることが多いもの。

「最近マンネリ化してきたな」「退屈な関係になってきたな」。そう思うときは、だいたい自分に変化がないときです。

私と夫との付き合いは10年以上になりますが、「倦怠期かな？」と思うときは、必ず自分に変化がないときです。

毎日同じメイクやファッション、いつもと同じ思考にいつもと同じ言葉、そして何も代わり映えしないライフスタイル。

挑戦することがなく、自分の心をワクワクさせる行動ができていないときは、彼とどんなデートをしても心が晴れないものです。

さらに、そんなときは視野が狭くなっているので、「もう愛されてないのかな」「彼は私を楽しませてくれなくなった」と、彼に原因があるかのように捉えがちで悪循環。

よくマンネリ化してきたときに、ケンカが増えて、別れを考える人がいます。その関係を終わらせれば、新しい自分になれると思ってしまいますが、そんなときは別れてもただ虚しさを感じるだけ。

なぜなら、自分は何も変わっていないからです。変わったのは彼がいなくなったということで、日常生活は退屈なままです。

マンネリ化してしまう原因を、彼のせいにするのではなく、自分に振り返ることをしない限り、その後誰と付き合っても、マンネリすることに悩みつづけます。

そこで、彼との関係に飽きてきたなと感じたら、何か一つでも自分に変化をつけることをおすすめします。

小さくていいので自分の心がワクワクするような変化をし、新しい自分になって生きつづけること。それができたら自分に飽きるということはなくなります。

以前、講座生の中で、長年付き合っている彼とマンネリになり別れを考えている方がいました。

そこで私は彼女に、彼との関係はいったん置いておいて、自分のライフスタイルの中で変化をつけることをおすすめしました。

すると、彼との関係が良好に変わったといいます。

その方が具体的にやったことは、大したことではなく誰でもできることです。

「通勤ルートを変える」「新しい趣味に挑戦する」「いままで選ばなかったコスメに挑戦して新しいメイクを楽しむ」「早寝早起きをする」「日記をつける習慣をはじめる」など。

ほんのちょっとの工夫によって得られる変化ばかり。

男性からしても、とびっきりの美人よりも、いつも違う面を見せてくれるアップデートを怠らない女性の方が魅力的なのです。

好きという感情の根源は「もっと知りたい」という衝動です。

反対のことを言うと、冷めてしまうときは相手のことを知り尽くしたような感覚に陥ったとき。

いつも変化のない人には簡単に恋愛感情が冷めてしまいます。スキンシップがなくなったというのも、相手に対して知りたい部分がなくなってしまったからという場合が多いのです。

付き合いが長くなってお互いへの理解が深まるのは素敵なことですが、だからこそ変化しつづける自分であることが大切です。

日々、小さく変わりつづける自分になって、変わらない愛を保ちましょう。

「彼がいないとだめ」は依存のサイン

Q　よくないことをした彼を本気で怒ることができる？

人はいくつになったって、1人では未熟な生き物です。

そして、恋愛では未熟さを埋め合うのではなく、未熟を受け入れ支え合うことが大事になります。

未熟な2人が恋愛という関係でつながりを持つ意味は、依存し合うためではなく、お互いの自立を助け合うためなのです。


「彼のことを本当に愛しているのかわからない」

そう思うのは、きっと依存関係で繋がっている2人だからではないでしょうか。

「愛」とは、たとえ自分がいなくても、相手がちゃんと幸せになってくれるように注ぐものであり、親子関係のようなもの。

相手が依存しようとしていれば、それを突き離すのも離れるのも、一つの愛情です。

ただ、厄介なことに、恋愛にだけじゃなく、何においても依存体質な人は、それを「嫌われた」「冷たい」と捉えてしまうのですよね。

私も、もし夫が、私との時間ばかりを優先して友人や趣味を疎かにしたり、男性として頼られたいという気持ちより、私に頼りたいという気持ちが強くなったり、私に意見を求めるばかりになったり、精神的にも経済的にも私ありきになって依存心が強いと感じたら、あえて突き離すと思います。

それは、嫌いになったからではなくて、心底愛してるゆえの行為です。

いつまでもイチャイチャして依存し合う関係なら、お互いに破滅するだけになってしまいます。

でも、ずっと一緒にいたいと思うなら、彼が好きというだけの「恋」を、自分と彼の本質的な幸せを願う「愛」に変えなければいけません。

「好き」「寂しい」「1人になりたくない」という感情で繋がりつづけていたら、2人で転落していくだけということに気づきましょう。

あなたが彼の自立を本気で応援できるか、彼があなたをひとりの女性として自立することを応援してくれるか。

これがお互いの愛情を図る物差しとなるでしょう。

長くつづく「愛情」というのは、自分の好きという衝動と相手の本当の幸せを願う気持ちとのバランスがうまくとれるようにできているものです。

Epilogue

これができれば「最高のパートナー」でいつづけられる

プレプロポーズで彼にタイミングを与える

Q 彼は結婚にどんなイメージを持っている？

毎日たくさんのご相談をいただきますが、断トツで多いお悩みは、「彼がなかなか結婚を決めてくれない」ということ。

数年前、私も同じことで悩んでいました。「いつかは結婚したいね」と話すのに、そのいつかがこない。

頭の中では、彼を急かすような言葉ばかり浮かぶのですが、それを伝えることはできず、会うたびにモヤモヤしていました。

そもそも、男性にとって結婚はデメリットの塊のようなものです。

たとえ、あなたのことを「最後の女性」と思いながら付き合っていても、世間一般的な結婚に対するイメージや、結婚した友人のリアルな愚痴を聞いていれば、結婚に対して積極的にはなれません。

まだ結婚して幸せな日々を味わったことがないのだから、結婚へのメリットよりもデメリットを並べてしまうのは自然なこと。

ただ、男性は一生結婚をしないつもりでいるわけではありません。お付き合いをつづけているのならば、「いつか」「そのうち」と思っていることでしょう。

一方で、女性のように婚期や出産に対するリミットがないので、大好きな彼女であったとしても「なるべく早くしたい」とは思っていません。「わざわざいまじゃなくてもいい」と後回しにしている人が多いのです。

そんなときに重要なのは、女性からのアクションです。

彼の結婚に対するデメリットを一つひとつ明確にして、それを打ち消してあげる。

また、デメリットに打ち勝つようなあなたと結婚するメリットを教え、彼の「いつか」「そのうちに」の期日を明確にしてあげるのです。

あなたの彼は結婚に対してどんなデメリットを持っているのでしょうか？

結婚にポジティブな姿勢になれないのはどうしてでしょうか？

私の友人にも彼がなかなか結婚を考えてくれないと悩んでいる人がいました。その友人の彼の場合、結婚したら自由に友達と飲みに行ったり、旅行に行けなくなると思い込んでいたそう。

そこで、彼女は普段の会話の中で、これからもずっと友達との関係を大切にしてほしいこと、好きなときに好きな場所に出かける楽しみをやめる必要はないことを伝えていたそう。

結婚してもお互いが好きを追求できる環境をつくりたいし、お金を数える奥さんではなく、あなたの可能性に喜んで投資する奥さんになりたい、とも伝えていたそう。

ここまで伝えると、もはやプロポーズのようでしたが、女性からプロポーズしたっていいと私は思います。

目的は彼と結婚することだから、プロポーズしてくれないと悩むくらいだったら、自分からするのも一つです。

結婚生活がはじまってから、どっちがプロポーズしたかなんてまったく重要なことではありません。

ただ、そうは言っても、「彼からロマンチックにプロポーズしてほしい！」という方は、あなたからプレプロポーズをすることをおすすめします。

私は、自分からのプロポーズは「プレ」として、彼には、「シンデレラ城の前でガラスの靴がほしい」「とびっきりロマンチックなサプライズをお願いね」とストレートにリクエストしていました。

その結果、とびっきり愛のこもったプロポーズをしてもらいました。

シチュエーションは伝えていたものとは違いましたが、彼なりに考えてくれたことがとても嬉しかったです。

ちなみに、よく聞くのが、結婚の話自体がしにくいというお悩み。
これに対しては、結婚の話がしづらい関係で、結婚を考えること自体が問題だと思います。

そもそも、結婚したい相手なら言えないことはなくすこと。

ましてや、結婚という大切な話をして気まずくなるような2人だったら、この先うまくいくことはありません。

「結婚したい」＝「あなたと生涯を共にしたいほど愛してます」ということですから、お付き合いをしている中で、自然と2人の向かう先を明確にする会話がでたときが2人の婚期だと思います。

また、男性であれば愛する人の望みを叶えてあげたいと思うもの。

あなたが「彼と結婚したい」という思いを隠すのではなく、自分の意思をきちんと言葉にして伝えましょう。

1人でモヤモヤすることではないのです。

また、自分だけが結婚したいと思って、彼はそう思っていないとしたら、あなたの「結婚したい」という思いだけが先走っていて、「彼と生涯一緒にいたい」という大切な部分を置いてきぼりにしているのかもしれません。

周りの友人が結婚しはじめたりして、結婚すること自体に焦っていませんか？

もしあなたがそうだとしたら、突然、結婚の話を出すのではなく、日頃からお互いの方向性を確かめ合うような会話を大切にしたいですね。

マリッジブルーは必要なもの？

Q「本当に彼でいいの？」と迷うのはよくないこと？

私たち夫婦は、付き合って7年目に結婚しました。

私は3年目ぐらいから夫との結婚を意識していたので、待ちに待ったプロポーズに「いよいよ彼と家族になれる」と心踊る気持ちでいました。

ただ、嬉しい気持ちとは裏腹に、現実的に話が進むにつれて「本当にこの人でいいのかな」「この決断は間違っていないかな」「入籍したら後戻りできない」と不安が襲ってきました。

大好きな彼と家族になることはずっと夢見てきたことだけど、これからどうなっていくのかは、すべてがわからない状態で感情はごちゃまぜでした。

しかし、両家の挨拶や引っ越しのこと、結婚式の準備など、立ち止まる余裕がないほど忙しくなるのが婚約期間なのです。

話が進むごとにことの重大さを体感し、決断を疑ってしまうのは、結婚されているどの方も経験したことではないでしょうか。

いわゆる〝マリッジブルー〟ですね。

そんなとき、「この結婚で本当に私たちの人生はより幸せなものになるのかな？」と彼に聞くと、彼は優しく「大丈夫だよ」と答えてくれました。

私は離婚した両親を見て育ってきたので、私たちは絶対に離婚はしたくない、本当に幸せな結婚がしたいと強く思い、安心できる言葉がほしかったのです。

また、彼に聞くことで、この決断に後悔はないと自分に確認していたようにも思います。

それでも彼と結婚すると決断したことを正解にするように、彼と向き合ってきたからいまがあります。

あのとき迷いが出なければ、結婚した後に、自分の決断に自信を失っていたかもしれません。

あのとき彼に本音で話せていなければ、彼も私の決断を正解にしようという強い気持ちが持てなかったかもしれない。

マリッジブルーは、2人の決断をより強いものにしてくれる大切な期間です。

「これでいいのかな？」と何度も迷わせ、「それでも結婚しますか？」と試させてくれる時期です。

どんなに好きでも、どんなに素敵な彼でもマリッジブルーは感じた方がいい。

「100％疑うことなく突き進もう」なんて思う必要はないのです。

「あのとき揺れながらも決心したのは私だよね」と思えば後悔にはならないで

すし、彼に対してあぐらをかくこともできない。

そのためにもこの貴重な時期を思う存分楽しんでいきましょう。

リミットのない同棲はNG

Q 「お試し」「とりあえず」で一緒に住んでいない？

同棲をすると、結婚に至らずに破局するとよく言いますよね。

その理由は、男性側の結婚する理由がなくなるからです。男性が彼女と結婚したいという理由の一つに、「彼女を独占したい」という気持ちがあります。ただ、先に同棲をしてしまうと、その欲求はそこで満たされてしまい、結婚への意欲がなくなってしまうのです。

そのため、結婚を目指しているのであれば、どんなに好きで一緒にいる時間を共有したいと思っても、リミットのない同棲はおすすめしません。

同棲をするにあたり、「一緒に住んでみて合わなければ別れればいい」とゆるく考えている人が多くいますが、「この人と幸せになる」という覚悟が固まっていない間は、関係が深まるのは難しいものです。

なぜなら、「この人と幸せになる」という覚悟は、相手の弱さやだらしなさ、ずっと一緒にいることで生じる摩擦などを目の当たりにしても、話し合い、愛しつづけていこうという強さを持ち合わせているからです。

結婚をする前のお試しという感覚で同棲している人もいますが、結婚を考える相手であれば試すのではなく、リミットを決めて先に始めるようにしましょう。その方が、結婚に進みやすいものです。

「3か月同棲をしたら入籍しようね」「○月の入籍に向けて同棲をしようね」「結婚の日取りを決めてから同棲を始めようね」など、あなたからプレプロポーズのように提案してもいいですね。

間違っても、「同棲してから結婚を考える」というスタンスはやめましょう。また、彼が「そのうちね」というように曖昧な言葉ではぐらかすようであれば、同棲しても結婚は遠のくばかりです。

恋愛に限らず言えることですが、リミットのないことに対して、人は本気になることができません。リミットがあるから2人で同じ方向を向いて本気になることができるのです。

結婚前に心得ておくこと

Q 結婚すれば絶対幸せになれるの？

講座生と話をしていると、「結婚したら幸せになれる」と思い込んでいる方が多いように感じます。

大前提として、結婚したら幸せになれるというのは幻想です。

幸せはそこに用意されているものではなく、作っていくものだから、結婚が決まれば安泰だなんて考えのまま結婚すると、「こんなはずじゃなかった」と後悔することになります。

私たち夫婦は、結婚式はこれからの結婚生活をどんなものにしていきたいかの象徴だと捉え、すべてにおいてこだわりを詰めました。

その中でもとりわけ重要視したのが、誓いの言葉。

よくある「新郎は生涯新婦を幸せにすることを誓いますか？」というのはしっくりこなくて、人前式という形で自分たちオリジナルの言葉で宣誓をしました。

だって、私を幸せにできるのは、彼ではなく自分自身だけですし、2人の幸せは2人の努力で作り、守り、じっくり育てていくものだと思ったからです。

昨今、結婚後の離婚率が増加していますが、結婚生活が幸せではないのに別れられずにいる夫婦が多いのも事実ですよね。

「結婚をすれば彼ともっと深くなって幸せになれると思ったのに、現実は違った」「結婚は我慢の連続」とまで言う人もいます。

その話を聞くたびにとても悲しい気持ちになります。

婚姻届を出すことで魔法がかかるなんてことはないのです。

自分のことを幸せにするスキル、彼と言葉で愛し合うスキルもなく結婚をしてしまえば、うまくいかないのは必然のこと。

そのことを気づくことなく、結婚に至ってしまったことに悔しささえ感じます。

そういう人は必ず、自分の幸せを自分以外の人や環境に委ねているのですよね。

結婚だけでなく、何においても人やもの、環境などへの依存度が強く、自分が幸せでない原因を外に向けてしまう。

自分の幸せは自分の責任だとわからない限り、負のスパイラルからは抜け出せないものです。

また、愛って一方通行では成り立たないもの。

女性は「愛されたい」と愛を求めることに必死になりがちですが、彼から愛されつづける関係でありたいなら、あなたも彼を愛しつづける覚悟を持つこと。愛は捧げるものですが、それには限界があるものです。
愛は心から無限に湧き出るものではないから、愛されたらその分愛して愛を循環させなければ幸せな関係はつづかない。

彼に幸せにしてもらおうなどという受動的な考えを持っていると、いつか必ず痛い目にあってしまいます。
彼を愛しつづける覚悟、彼と幸せに生きていく覚悟を持ちましょう。結婚を幸せなものにするのも、人生の墓場にするのもあなた次第なのです。

では、次のチェック項目で、自分と彼の結婚観を考えてみましょう。

［結婚して〝幸せがつづくカップル〟見極めチェックリスト］

□お互いが自分を好きだと思えている
□お互いが自分の感情をコントロールできる
□お互いが異なる価値観を持っている（似た者同士こそ相性が合わない）

□お互いが異なる世界を持っている
□お互いがそれらの違いを受け入れ、許し、尊重できている
□お互いが「独り占めスキル」を持っている
□お互いがお互いを支えたいという愛がある
□お互いが自分で自分を幸せにできている
□お互いが話し合うことで愛し合おうとしている

チェックした項目が多ければ多いほど、幸せな未来が待っています。

こうして「好き」が「愛してる」に変わっていく

Q そもそも、「愛」ってどういうもの？

「好き」と「愛してる」は似てるようだけど非なるもの。
その違いはとても曖昧ですね。私もずっと彼に対して「好き」という気持ちを持っていましたが、いつの日かその言葉がしっくりこなくなって「愛してる」という言葉を使うようになりました。

言えることは、「好き」よりも「愛してる」は、これからも愛を与えつづける覚悟が決まっているということ。

相手の弱さやダサさを目の当たりにしても、それによって気持ちがブレないのが「愛してる」。彼の幸せを心から願い、彼の欠点さえ愛おしい。ありのままの自分を見てほしいし、ありのままの彼でいてほしい。ただただ無条件に彼のことを想うだけで内側から愛が溢れる状態です。

相手を疑うことがあり、相手の裏切りによって自分が傷つくことを恐れてるうちは「好き」。
相手を疑うことなく、相手が傷つくことを恐れるようになったら「愛してる」。

彼が太ってしまったときに、見た目が変わることを恐れるのは「好き」。
彼が太ってしまったときに、健康を気遣うのが「愛してる」。

会えないと不安になり、会うと安心するのは「好き」。
離れてる間でも繋がりを感じ、安心できているのは「愛してる」。

たとえ帰りが遅くても、浮気を心配することなく、ただ無事に帰ってきてほしいと願うならば、それは「愛してる」なのです。
見た目やステータスがどうこうではなく、彼の「命」が愛おしいと感じたら、その愛は不滅でしょう。

では、「好き」を「愛してる」に変えるにはどうしたらいいのでしょうか？

それは、自分のエネルギーと時間を出し惜しみなく彼に分け与え、たくさんの話し合いを重ねて2人の関係を育てることです。自分のエネルギーを彼に分け与えることは、尽くすとは違い、自己犠牲がないことです。

自己犠牲をすると、「こんなに愛したのに」「こんなにやってあげたのに」と、「やってあげた」の代償を求めがちですが、無理をしてまで相手に尽くすということは「愛」ではなく「執着」です。

大事なのは、まず自分が満たされていて、だからこそ生まれる愛を「分け与える」こと。それが「愛してる」ということなのです。

私はゆずの北川悠仁さんが好きで、あの無邪気な笑顔と、いつまでも少年のようなひたむきさ、温かさは人として魅力的だなと感じていますが、それは「好き」「憧れ」

「尊敬」であって、「愛してる」とは違うもの。

どんなにファンであっても、愛してるという感情は発生しません。なぜなら、エネルギーも時間も分け与えていないですし、お話もしたことがないからです。

「愛情」というものは、ある日突然発生するものではないのですよね。

受け身で、自然に湧き出るものでもありません。見返りなく、無理のない範囲で相手を思う行動をしつづけ、自分と心地よい関係に馴染ませていく中で育まれるものです。

自分の損得ばかりを考えているうちは、「彼を愛してる」とは言えません。

彼に言いたいことが言えず、言いなりになっているうちも愛は育ちません。

まずは、自分を愛し、彼を思いやれる余裕、彼の愛を受けとる余裕を持つこと。自己犠牲で尽くさない、執着しない、依存しない、そのためにはやっぱり、この基本が重要なのです。

そうして、彼への愛は2人の関係を育てる中で深くなっていくのですよ。

おわりに　「最高のギフト」になって、ずっと愛される女になろう

私はずっと人をうらやむ生き方をしてきました。

「私の人生、こんなはずじゃないのに……」、そう思ってばかりでした。

いま思えば、不器用に生きてきた過去は、全部必要なことでした。

あのときの私に、「大丈夫、いまのあなたの気づきや学びが、多くの女性の役に立っているんだよ」と声をかけたいです。


私が恋愛カウンセラーになったのは、「恋愛を学ぶことが当たり前の世の中になってほしい」という願いがあったからです。

現実、講座生のみんなは、恋愛の講座に通ってることは恥ずかしくて、家族や友人に言えないという方が少なくありません。

また、恋愛を仕事にするうえで、「恋愛なんて人それぞれで、学ぶものではない」という意見をいただいたこともあります。

しかし、これからどんな家族を作っていくかは人生においてとても重要なことで、それに繋がる恋愛は仕事と同じくらい重要視するべきことだと思っています。職業訓練はあっても、恋愛を学ぶ場がないことがずっと疑問でした。

だったら、私がその活動をし、学ぶ場を作っていこうと思い、恋愛カウンセラーを育てるための恋愛検定「ラブリスト」もはじめました。

恋愛を学ぶことは恥ずかしくない。もっと幸せになりたいと叫んでもいい、多くの女性がそう思えるよう活動していきたいと思っています。

この本を書くにあたり、はじめての出版ということで勇気がいりましたが、ブログや講座でお届けしていることが、より多くの方に届けられることをとても嬉しく思っています。

最後に、この本を手にとっていただきありがとうございました。

いままで、自分を嫌いになり涙してきたあなたが、「最高のギフト」として彼に末長く愛されつづけますように。

こめだゆき

想いすぎずに想われる
2人《ふたり》が「本命《ほんめい》」でいつづける愛《あい》の育《そだ》て方《かた》

2018年12月31日　初版発行

著　者……こめだゆき
発行者……大和謙二
発行所……株式会社大和出版
東京都文京区音羽1-26-11　〒112-0013
電話　営業部03-5978-8121／編集部03-5978-8131
http://www.daiwashuppan.com
印刷所……信毎書籍印刷株式会社
製本所……ナショナル製本協同組合
装幀者……菊池祐（株式会社ライラック）

ISBN978-4-8047-0560-6